JN132372

Introdução ao Direito do Brasil

ブラジル法概論

阿部　博友

大学教育出版

は し が き

　ブラジルは、南アメリカに位置する連邦共和制国家であり、南アメリカ大陸のおよそ半分の面積とラテンアメリカにおける最大の人口を擁する。日本から見ると、ブラジルは地球の裏側に位置する最も「遠い国」の一つであるが、それでもブラジルは日本に「近い国」と言われる理由がある。

　ブラジルとわが国との外交関係は1895年の修好通商航海条約調印から始まり、1897年には両国内に公使館を開設した。さらに1908年に笠戸丸移民により開始された日本移民は、戦前戦後を通じて約25万人にのぼり、2010年時点で約140〜150万人の日系人がブラジルに居住しているといわれる（丸山浩明編著『ブラジル日本移民百年の軌跡』明石書店 2010年）。1950年代以降は、日本の高度経済成長期にかけて、さまざまな業種の日本企業がサンパウロを中心に進出していて、現在でも密接な経済関係を維持している。

　時代は遡るが、田中耕太郎博士は1939年にブラジルやアルゼンチンをはじめとするラテンアメリカ諸国を視察され、ブラジル法については、民商法統一論、1916年民法典および1850年商法典についての調査結果を公表された（田中耕太郎『法哲学：一般理論上』春秋社、1960年）。この著書において博士は、「中南米諸国における膨大な法典は諸国の法律文化の高い水準を物語る法律的労作」であり、これら地域の「法学界は相当に高級であり、学者の著書、各大学や弁護士協会などの機関雑誌等に学問上参考にすべきものが多く、また各大学教授中のみならず、裁判官や弁護士の中にも優れた学者を見受ける」ことから「我々は今後眼界を広くして中南米諸国より学ぶところがなければならない」と述べられている。

　しかし、今日においても、わが国におけるブラジル法を含め、ラテンアメリカ法の研究の歴史は浅く研究者の層も薄い（中川和彦『ラテンアメリカ法の基盤』千倉書房、2000年）。筆者はそのような状況を改善したいと願いブラジル法の研究をはじめた。1988年から4年間サンパウロに滞在してブラジルの法

と社会を研究する機会も得たが、浅学菲才の身であり、今日まで牛歩のごとく研究を続けている。今回、一念発起し、これまでのブラジル法研究をまとめた本書を、将来のわが国におけるブラジル法研究の一助にしたいと念じて出版に踏み切った。

　本書第Ⅱ編第1章と第2章をはじめとするブラジル法研究については、2010-2012年度科学研究費（基盤研究（C）「ブラジルにおける企業法制および株式市場法制の研究」）による助成を、また本書の刊行に当たっては一橋大学大学院法学研究科による出版助成をいただいた。

　筑波大学名誉教授の井原宏先生には、筆者が筑波大学大学院で研究を開始した当初から、時間を惜しまずに丁寧にご指導いただいている。また、ブラジル会社法に関する博士論文の執筆に際しては成城学園大学名誉教授の中川和彦先生に親切にご指導いただいた。そしてサンパウロ大学博士教授の二宮正人先生には、ブラジル法について都度貴重な助言をいただいている。お世話になった先生方に感謝の意を表したい。

　本書の編集と刊行については、大学教育出版の佐藤守社長のご支援と貴重なご助言を得た。ここに改めて謝意を表したい。

　最後に、いつも温かく研究を支えてくれている筆者の家族に、この場を借りて感謝の気持ちを伝えたい。

　2020年1月17日
東京国立市の研究室にて

ブラジル法概論
Introdução ao Direito do Brasil

目　次

iv

第Ⅱ編　ブラジル経済法の論点

第 I 編

ブラジル連邦共和国の法制度 [1]

---

1)　本編は、拙著「ブラジル法」（阿部博友・小林成光・高田寛・高橋均・平野温郎編著
『世界の法律情報 — グローバル・リーガル・リサーチ』（文真堂、2016 年）198-207 頁
ならびに拙著「法制度」（阿部博友・子安昭子・近田亮平・桜井敏浩・佐藤美由起・二
宮康史・浜口伸明・丸山浩明・山崎圭一編著『新版現代ブラジル事典』（新評社、2016 年）
285-224 頁（租税法と環境法を除く）をもとに近時の法制の改正等を踏まえ修正を加え
た。

序　論
ブラジル法の形成過程

　現在のブラジルが位置する南米大陸は、もともと超大陸パンゲア[2]の一部であった。ジュラ紀中期の1億8,000万年前頃に、パンゲアは、ローラシア大陸とゴンドワナ大陸に分裂する。その後、ゴンドワナ大陸は、現在のアフリカ大陸、南アメリカ大陸などを含む西ゴンドワナ大陸と、南極大陸、インド亜大陸、オーストラリア大陸を含む東ゴンドワナ大陸へと分裂していった。そして、白亜紀（約1億4,500万年前から6,600万年前）に西ゴンドワナ大陸が、南米大陸とアフリカ大陸とに分裂し、ここではじめて南アメリカ大陸が誕生する。そして、今から約3,000万年前には、南米大陸に南極大陸との分断が生じ、約300万年前にパナマ地峡ができるまでの間は、南米大陸は孤立した大陸であった。

　南米大陸の先住民は、ベーリング海峡を通ってシベリア側からアメリカ大陸各地に広がっていったと考えられているが、現在のブラジルが位置する地域には、アンデスのインディオの帝国に対比できるような高度な社会制度や文明は存在しなかった[3]ために、その歴史の詳細について知ることはできない。記録によれば、ポルトガル人が南米大陸に到着した16世紀の初めには、ブラジルの先住民の数は概算で500〜600万人居住していて、こうした先住民は、採集や漁労や狩猟や焼畑農業で生活する、居住地の定まらない散在する部族であった[4]。しかし、先住民族にとって白人との接触は痛ましいものであり、そ

---

2)　パンゲア（Pangaea）は、ペルム紀から三畳紀にかけて存在した超大陸（ジョン・グリビン（木原悦子訳）『地球生命35億年物語』（徳間書店、1993年）28頁）。

3)　同上・47頁。

4)　ピエール・モンベーク（山本正三・手塚章訳）『ブラジル』（白水社、1981年）48頁。

の多くは、容易に近づけない地域や僻遠地域にとじこめられる結果となり、その伝統文化の多くは失われてしまった[5]。現在のブラジルに生存する約20万人の先住民[6]は「現代文明の周辺に生きる少数の人々」[7]と位置付けられており、先住民たちの文化や慣習が、現在のブラジル法の形成に直接的な影響を与えることはなかった。

文書記録に残るブラジルの歴史は、ブラジルが「発見」された1500年に始まる。それから1822年に独立するまでの約300年もの間、ブラジルは、アフォンソ法典、マノエル法典、フィリッペ法典など、大陸法の伝統を有するポルトガル法の下で統治された。ブラジル法が歴史に登場するのは、初代皇帝ドン・ペドロ1世による1824年憲法の発布以降である。ペドロ1世はブラジル法制の基礎を構築すべく、法曹を支える人材の育成が急務であると考え、1827年にオリンダ[8]とサンパウロに法律学校[9]を創設した。当時のブラジルにあっては、法律家とりわけ実務法曹は比較法的な取捨選択によって、自己が理想ないし最良と考える法規範を諸国の法典や草案そして優れた学説などに求めてきた[10]。

ブラジルの最初の刑法典は1830年に制定され（Lei de 16 de dezembro de 1830, Código Criminal）、そして商法典が1850年に制定された（Lei No.556, de 25 de junho de 1850, Código Comercial）。民法典は、19世紀末から草案は起草されていたが、欧米先進諸国の立法を参考にして1916年に制定された（Lei No.3.071, de 1 de janeiro de 1916, Código Civil dos Estados Unidos do Brasil）。1930年に大統領の座についたヴァルガス大統領は社会主義的な労働政策を推進したが、同政権の下でそれまでに存在した労働規範を統合する形で労働法集成（Consolidação das Leis do Trabalho）が1943年に成立し、2017

---

5) 同上・50頁。

6) 先住民布教審議会の資料によれば、1990年代初頭に残存している先住民は22万7000人。

7) モンベーク、前掲注4、47頁。

8) オリンダは、ブラジルの太平洋岸にあるペルナンブコ州にある都市で州都はレシフェ。

9) 現在のペルナンブコ大学とサンパウロ大学法学部の母体。

10) 佐藤明夫「ブラジル」、新潟大学『19世紀学研究』(8) 2014年、33-35頁。

年に法律第 13467/2017 号（改正ブラジル労働法）が施行されるまでの 74 年間にわたりその骨格を維持した。

　1964 年の軍事クーデターによって成立したカステロ・ブランコ政権に始まる軍事政権は 1985 年まで継続するが、その下で親米・外資導入政策が推進され、1960 年代から 1970 年代にかけて経済法制の基盤が確立された。たとえば、経済力濫用禁止法（Lei No.4.137, de 10 de setembro de 1962 -Lei do Abuso do Poder Econômico-）、外資登録・対外送金規制法（Lei nº 4.131 de 03 de Setembro de 1962, Lei de Remessa de Lucros）、国家金融システム法（Lei No. 4.595, de 31 de dezenmbro de 1964）、資本市場法（Lei do Mercado de Capital, Lei nº 4.728, de 14 de julho de 1965）、産業財産権法（Lei No 5.772, de 21 de dezembro de 1971, Código da Propriedade Industrial）や株式会社法（Lei No 6.404, de 15 de dezembro de 1976, Dispõe sobre as Sociedades por Ações）である。軍政下の外国資本導入を柱にした工業化政策が効を奏して、ブラジルは高度経済成長を実現したが、その後のオイルショックを契機に失速した。それ以降、多額の対外債務を抱えたブラジル経済は行き詰まり、数次にわたり実施された対外債務再編交渉と物価安定化政策は失敗を重ねた。

　現在のブラジル法制は民政移管後の 1988 年に公布された民主憲法（Constituição da República Federativa do Brasi de 1988）を頂点として構築されている。同憲法は消費者保護と自由競争を基軸とする経済秩序を保障している。1988 年憲法の制定に先立って集団訴訟制度を確立した公共民事訴訟法（Lei No 7.347, de 24 de juhno de 1985, Disciplina a ação civil pública）や、憲法制定後の消費者保護法（Lei Nº 8.078, de 11 de setembro de 1990, Dispõe sobre a proteção do consumidor）、競争法[11]（Lei No 8.158, de 8 de janeiro de 1991, Institui normas para a defesa da concorrência）などは、何れも企業による経済力の濫用を抑止し、消費者の権利保護を図ることがその

---

11)　競争法については改正が重ねられ、1994 年には法律第 8884 号が 1991 年法に代えて成立した。その後、2011 年の法律第 12529 号が制定された結果、1994 年法は全面的に廃止された。

法目的であった。

　1994 年の大統領選挙では、フェルナンド・エンリケ・カルドーゾが勝利しネオリベラル的な民営化政策の下で国営企業の民営化を推進し、従来の輸入代替政策から市場開放政策への転換を図り、この政策が奏功してインフレは鎮静化したのみならず、外債問題も徐々に解消されて、高度な経済成長が実現され新興経済国の一翼を担うに至った。

　2002 年には、労働党のルーラ・ダ・シルバが、ブラジル民主主義史上最多の得票数をもって当選した。その後、経済は好調に推移したが、2005 年には与党・労働党のメンバーによる汚職が発覚し、それ以来、ルーラ政権への国民の信頼は大きく低下した。さらに 2006 年には、パロシ財務相までが汚職問題で辞任し、政治腐敗が社会問題に発展しつつあったが、好調な経済に支えられる形で、同年における大統領選で、ルーラ・ダ・シルバは大統領に再選された。

　2008 年のリーマンショック発生後、ブラジルの景気は大幅に減速し、2009 年の経済成長率はマイナスに転じた。2016 年 9 月には、労働党のルセフ大統領が弾劾裁判で罷免されて、副大統領だった中道右派のブラジル民主運動党（PMDB）を率いるテメルが大統領に就任した。2017 年にはルーラ前大統領に対して、国営管理下の石油会社ペトロブラス関連の収賄罪について 9 年半の実刑判決が下されている。同年、そのテメル大統領についても汚職の疑惑が浮上した。かかる状況下、2018 年の大統領選挙では右派のジャイル・ボルソナロ下院議員（当時）が大統領に当選した。従来、地域連合や途上国との関係を重視してきた過去の左派政権の政策が同大統領の下で変更される可能性もありブラジルにとっては大きな転換期を迎える可能性がある。

　経済法を中心とするブラジル法制の近年の展開を別表（9 頁ブラジル法の展開）にまとめた。1990 年代以降のブラジルにおける経済法関連立法について、何れも法制の国際的調和を強く意識した内容になっている。たとえば、国連商取引法委員会（UNCITRAL）が制定した仲裁モデル法に準拠したブラジル仲裁法（Lei Nº 9.307, de 23 de setembro de 1996, Dispõe sobre a arbitragem）[12]、マ

12）　1867 年の政令第 3900/1867 号は、紛争が現実に生じる前に当事者間でなされた仲裁

ネーロンダリング規制法（Lei Nº 9.613, de 3 de março de 1998, Dispõe sobre os crimes de "lavagem" ou ocultação de bens, direitos e valores; その後、金融活動作業部会（FATF）の勧告をもとに 2012 年に改正）、破産法（Decreto-lei - Nº 7.661, de 21 de junho de 1945, Lei de Falências; 2005 年改正）、経済協力開発機構 13)（OECD）の勧告をもとに全面改正された競争保護法（Lei Nº 12.529, de 30 de novembro de 2011, Estrutura o Sistema Brasileiro de Defesa da Concorrência）、そして OECD 外国公務員贈賄禁止条約に準拠して立法された腐敗行為防止のための法人処罰法（Lei Nº 12.846, de 1º de Agosto de 2013, Dispõe sobre a responsabilização administrativa e civil de pessoas jurídicas pela prática de atos contra a administração pública, nacional ou estrangeira）などがその例である。

　さらに国際物品売買契約についての統一法を設けることによって国際取引の発展を促進することを目的として、UNCITRAL が起草し、1980 年のウィーン外交会議において採択されたウィーン物品売買条約（1988 年発効）は、2014 年にブラジルについて発効した。

　国際経済秩序との関連においては、ブラジルは 1995 年から WTO に加盟している。また、同年にはブラジル、アルゼンチン、ウルグアイおよびパラグアイの 4 カ国によって南米共同市場（Mercado Comun do Sul：MERCOSUL）が誕生している。さらに、ブラジルは国際投資の促進のために 1990 年代にチ

合意は、紛争発生後に再度当事者間で合意されない限り有効な仲裁合意とは言えないと規定するなど、仲裁合意について特有の法制がとられ、この伝統が 1911 年に制定された同国の民法典の下でも承継されたため、長きに亘り紛争解決手段としての国際商事仲裁は、その機能を十分に発揮することができなかった。その転機となったのが、1996 年の仲裁法の制定である。また、2002 年にブラジルは外国仲裁判断の承認及び執行に関する条約（New York Convention: Convention on the Recognition and Enforcement of Foreign Arbitral Awards of 10 June 1958）を批准している。外国仲裁判断の承認および執行について、かつてはブラジル連邦最高裁判所（STF）が管轄を有していたが、2004 年の憲法修正第 45 号によって、この権限は連邦高等裁判所（STJ）に移管された。

13)　ブラジルは、OECD の主要パートナーであり、2017 年 5 月に OECD への加盟申請を提出した。

リ・ベネズエラ・韓国その他欧州諸国といくつかの二国間投資条約（Bilateral Investment Treaty: BIT）を締結しているが、同国議会の承認を得ることができないために何れの BIT も現在まで発効に至っていない。

　2018 年には、ブラジル個人情報保護法（LEI Nº 13.709, DE 14 DE AGOSTO DE 2018, Dispõe sobre a proteção de dados pessoais e altera a Lei nº 12.965, de 23 de abril de 2014）が成立し、同法は 2020 年 2 月から施行される。同法は、従来憲法、民法その他特別法で保護してきた個人情報の包括的保護の仕組みを、EU の個人情報保護法（General Data Protection Regulation）を基礎に構築した。

　ブラジルは、独立からほぼ 2 世紀を経て、大陸法系の成文法を中核に、ヨーロッパ諸国やアメリカ、そしてアルゼンチンをはじめとする近隣諸国の法制の影響を受けながらも、単なる欧州におけるラテン系法制の傍系にとどまることなく、固有のラテンアメリカ法として特有な法文化を形成しつつある。

　特にブラジルは、世界の最先端の法理論の集大成と称賛された 1916 年民法典をはじめとして、1943 年の労働法集成、1976 年株式会社法（特に支配株主の権利濫用禁止規定）や、1981 年の環境基本法、1985 年の公共民事訴訟法、1990 年の消費者保護法、そして 2013 年の腐敗行為防止法など、様々な法分野において進歩的な法理論を導入してきた。このような先進的な法体系は、理想とする法理論を広く諸外国の優れた学説などに求めるブラジルの法曹・学術界の自由で柔軟な研究姿勢によってもたらされたものであろう[14]。

---

14)　ブラジル法制について問題指摘されるのは、法執行、裁判制度そして究極的には人々の法意識に関するものが多い（例えば Lesley K. McAllister, *Making Law Matter -Environmental Protection & Legal Institution in Brazil*（Stanford University Press, 2008）は、執行機関の弱さや "jeito" の伝統（規制などの障害を回避しつつ何とかうまく対応する -Dar um jeito- ことが賢いことであるとする社会における共通認識）が堅牢な環境保護の法的枠組みの執行を阻む要素であると指摘している。なお、ブラジルの法文化における "jeito" の研究書として Keith, Rosenn, *O Jeito na Cultura Jurídica Brasileira*（Rio de Janeiro: Renovar, 1998）がある。

別表　ブラジル法の展開（筆者作成資料）

年代	商取引・紛争処理等関連法制	企業・証券市場法制	労働法制	経済・環境・知財等関連法制
1940			労働法集成（CLT）［1943］	
1960	代理店法（法律第 4,886 号）［1965］	国家金融システム法（法律第 4595 号）［1964］：国家通貨審議会（CMN）及び中央銀行（BC）を創設		外資登録・対外送金規制に関する法律第 4,131 号［1962］ 経済力濫用禁止法（法律第 4137 号）［1962］
		資本市場法（法律第 4728 号）［1965］		外資法（法律第 4390 号）［1964］
1970	販売委託法（法律第 6729 号）［1979］	株式会社法制定（株式組織の会社に関する法律第 6404 号）［1976］		
	民事訴訟法（法律第 5869 号）［1973］	証券取引委員会（第 6385 号）［1976］		
1980	公共民事訴訟法（法律第 7347 号）［1985］			環境基本法（法律第 6,938 号）［1981］
			新憲法［1988］	
1990	消費者保護法（法律第 8078 号）［1990］			法律第 8137 号（経済秩序維持法）［1990 年］
				公共入札談合規制法（法律第 8,666 号）［1993］
				1991 年法律第 8158 号 → 1994 年法律第 8884 号（競争法）
		株式会社法改正［1986］		フランチャイズ法（法律第 8,955 号）制定［1994］
			WTO 加盟［1995］	
	仲裁法（法律 9307 号）［1996］			組織犯罪取締法（法律第 9,034 号）［1995］
				産業財産権法（法律第 9,279 号）［1996］
		株式会社法改正（法律第 9457 号）［1997］		植物品種法（法律第 9,456 号）［1997］
			短期労働契約法（法律第 9601 号）［1998］	ソフトウェア法（法律第 9,609 号）［1998］
				環境犯罪法（法律第 9,605 号）［1998］
				著作権法（法律第 9,610 号）［1998］
				資金洗浄規制法（法律第 9,613 号）［1998］
2000	新民法典（法律第 10,406 号）［2002］2003 年 1 月施行。1850 年商法を海商法の部分を除き統合。民法第 966 条～ 1033 条は企業に関する一般規定。	株式会社法改正（法律第 10,303）［2001］：証券市場の不正操作・インサイダー取引などを規制	Procedimento Sumarissimo（簡易裁判制度）に関する法律第 9,957 号制定［2000］	刑法改正　（法律第 10467 号）：1940 年刑法に外国公務員に対する贈賄禁止規定を追加（ただし適用対象は個人。法人罰を含まず）［2002］
	外国仲裁判断の承認及び執行に関する条約批准［2002］	株式会社法改正（法律第 10,638 号）［2007］：IFRS へのコンバージェンス	Comissão de Conciliação Prèvia（社内事前調停委員会）に関する法律第 9958 号［2000］	官民パートナーシップ（PPP）　一般規則法（法律第 11,079 号）［2004］
	破産再生法（法律第 11,101 号）制定［2005］：1945 年の破産法改正。		労働者の利益参加権に関する法律第 10,101 号［2000］	集積回路レイアウト保護法（法律第 11,484 号）［2007］
2010				改正競争保護法（法律第 12,529 号）制定［2011］
				資金洗浄規制法改正（法律第 12,683 号）［2012］
				腐敗行為防止のための法人処罰法（法律第 12,846 号）［2013］
	ウィーン物品売買条約（ブラジルについて発効）［2014］			組織犯罪規制法改正（法律第 12850 号）［2013］
	民事訴訟法改正（法律第 13105 号）［2015］ 仲裁法改正（法律第 13129 号）［2015］		改正労働法（法律第 13467 号）、2017 年 11 月 11 日施行	
				ブラジル個人情報保護法（法律第 13709 号）［2018］

＊上記で示された年はその法令が制定された年を示す。

第 **1** 章

1988 年憲法・政治体制・司法制度 [15]

Ⅰ. 概　　要

　欧州で勃発したナポレオン戦争により、1807 年にフランス軍がポルトガルに侵攻すると、ポルトガル宮廷はリスボンからリオデジャネイロに遷都した。1815 年には、リオデジャネイロはポルトガル・ブラジル及びアルガルヴェ連合王国の首都に定められたが、1820 年に至りポルトガルを自由主義的な立憲君主制国家に変革しようとする革命が起きた結果、1821 年にはポルトガル宮廷はリスボンに帰還することとなった。

　一方、摂政としてブラジルに残留したブラガンサ家の王太子ペドロを支持する勢力によって、1822 年にブラジル独立戦争が勃発し、たたかいに勝利したペドロがブラジル帝国の初代皇帝として即位し、ブラジル帝国はポルトガルから独立を果たした。そして、ペドロ 1 世の下でブラジルで最初の憲法が 1824 年に制定されたが、同憲法は即位後に自由民主主義の抑圧に転じた帝政憲法の性格が強く、民衆の支持を得ることはなかった。1891 年になると連邦共和制および大統領制を支柱とするブラジルで 2 番目の憲法が制定された。

---

15)　本章は、Celso Campilongo, History and Sources of Brazilian Law, in Fabiano Deffenti and Welber Barral（Eds.）, *Introduction to Brazilian Law*（Wolters Kluwer, 2011）at 1-14 および Luis Roberto Barroso, Constitution Law, in Deffenti and Barral, *ibid*. at 15, 16 のほか、ブラジル史については、ボリス・ファウスト（鈴木茂訳）『ブラジル史』（明石書店、2008 年）および金七紀男『ブラジル史』（東洋書店、2009 年）を参照した。

　しかし、1930 年にジェトゥリオ・ドルネレス・ヴァルガスが革命を起こし、
1934 年にはブラジルで 3 番目の憲法が制定された。ヴァルガスは、1932 年の
サンパウロ州における護憲革命（Revolução Constitucionalista de 1932）を
鎮圧し、1937 年憲法（ブラジルで 4 番目の憲法）の下でイタリア・ファシズ
ムに影響を受けた estado novo（「新国家」を意味する）体制を確立した。そ
の後、独裁体制に対する不満が国民と軍内部で強まり、ヴァルガスは、第二次
世界大戦終結後の軍事クーデターによって失脚した。

　第二次世界大戦の終結後の 1946 年になるとブラジルで 5 番目の憲法が制定
され、民主的選挙によって、戦前とは一転して左派ポピュリズム色を打ち出
したヴァルガスが大統領に復帰したが、その後軍部の抵抗にあって失脚した。
1964 年に発足した軍事政権の下で、1967 年憲法および 1969 年憲法（ブラジ
ルで 6 番目および 7 番目の憲法）が制定された。軍事独裁体制の下で親米反共
政策と、外国資本の導入を柱にした工業化政策が推進されたが、1973 年のオ
イルショック後に経済成長は失速し、軍事政権による人権侵害も大きな問題と
なっていった。

　国民の不満を背景に、1974 年から民政移管への動きが胎動し、1985 年の大
統領選挙を経て、民政移管が実現した。この民主政権の下でブラジルで 8 番目
となる 1988 年憲法が制定されて現在に至っている。

Ⅱ．1988 年憲法（CONSTITUIÇÃO DA REPÚBLICA FEDERATIVA DO BRASIL）

　現在のブラジルは、連邦制を採用する国家であるが、同制度が最初に導入さ
れたのは、アメリカ憲法の影響を強く受けた 1891 年憲法の下であった。同憲
法によって連邦制と大統領制が採用され、行政、立法、司法の三権分立の原則
が確立された。その後約 1 世紀を経て、軍政から民政への移管後に制定された
現行憲法はブラジルで 8 番目の憲法である。

　同憲法は 245 の条項と 70 の経過規定で構成され、本編は、第Ⅰ編　基本原
則、第Ⅱ編　基本的権利及び保障、第Ⅲ編　連邦の組織、第Ⅳ編　国会・行政・

司法の組織、第Ⅴ編　国家および民主主義の擁護、第Ⅵ編　租税および予算、第Ⅶ編　経済および金融の秩序、第Ⅷ編　社会秩序、および第Ⅸ編　一般規定で構成されている。

　憲法は、ブラジルにおける最高法規であり、1891 年憲法が確立した政治体制や三権分立の伝統を承継している。また、ブラジルでは 1993 年に実施された国民投票によって、政体としての共和制および政治制度としての大統領制を継続する民意を確認している[16]。以下において 1988 年憲法の下での政治体制および司法制度を概観する。なお、ブラジルの各州もその州憲法（Constituição Estadual）を有しているが、以下において「憲法」とは連邦憲法（Constituição Federal）を指す[17]。

1. 立　法　府

　連邦立法機関である連邦議会は上院（Senado Federal）と下院（Câmara dos Deputados）により構成される。下院議員は各州及び連邦直轄区より選出され、任期は 4 年。上院議員は各州及び連邦区から選出され、任期は 8 年で、4 年毎に定員の 3 分の 1 または 3 分の 2 が改選される。連邦議会は、民事、商事、刑事、訴訟手続きなど広範な立法権限を有する（憲法第 22 条）。他方で環境、消費者保護、教育、税務など一定の事項は、連邦および州・特別区が競合的に立法権限を有している（同 24 条。図 1-1 参照）。

---

16)　国民投票の結果、概ね 3 分の 2 の投票者が共和制を支持する一方、13.2%は君主制を指示した。

17)　ブラジル連邦共和国憲法の和約については阿部照哉・畑博行編『世界の憲法集（第4 版)』（有信堂 2009 年）参照。

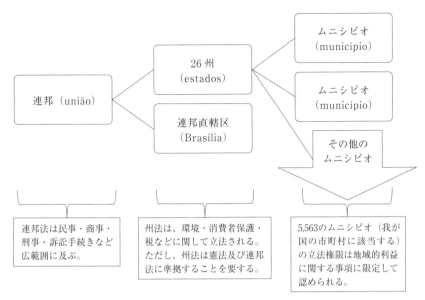

注：連邦議会は、民事、商事、刑事、訴訟手続きなど広範な立法権限を有する（連邦憲
　　法第22条）。他方で環境、消費者保護、教育、税務など一定の事項は、連邦および
　　州・特別区が競合的立法権限を有する（連邦憲法第24条）。

図 1-1　連邦・州・ムニシピオの法律 (筆者作成資料)

2. 行　政　府

　ブラジルの大統領（任期4年で1回のみ再選が可能）は、元首として国家を
代表すだけではなく行政府の長であり、閣僚の任免権、ブラジル軍の指揮権を
有している。大統領が欠員となった場合には副大統領が残りの任期を代行し、
副大統領がその職務を遂行できない場合には連邦下院議長、連邦上院議長、連
邦最高裁判所長がその任にあたる。

　行政府は各省、各特別行政庁および軍からなる。各省は各々の活動領域にお
ける公共政策を策定・実施する役割を担い、農務省、大統領官房、都市省、科
学技術省、通信省、文化省、防衛省（陸空海軍司令部を含む）、農業開発省、
経済開発工業通商省、社会発展飢餓対策省、教育省、スポーツ省、財務省、国
家統合省、法務省、環境省、鉱山エネルギー省、企画省、予算管理省、社会保

障省、厚生省、労働雇用省、運輸省、観光省から成る。また、省の格を有する庁は大統領府の補助機関であり、大統領府総務庁、社会報道庁、水産漁業特別庁、人権特別庁、人種平等推進政策特別庁、女性権利特別庁、行政機関調整庁が存在する[18]。

　大統領は法律を裁可する権限を有するが、その法律の全部または一部について拒否権を発動する権限も有している[19]。

3. 司 法 制 度（図1-2参照）

　司法権は、連邦最高裁判所（STF）、連邦高等裁判所（STJ）、連邦地域裁判所（TRF）、州・連邦首都府の裁判所のほかに、労働裁判所、選挙裁判所、軍事裁判所の特別裁判所が有する（憲法第34条・35条）。裁判所は連邦裁判所と州裁判所で組織され、この州レベルの裁判所の管轄や組織および名称は州ごとに異なる。ムニシピオ（município）は独自の裁判所をもたない。また、裁判所判事は終身職であり、その地位が保障されている。

　なお、2004年には、憲法補足法第45号によって全国司法審議会（Conselho Nãcional de Justiça：CNJ）が設立され、2005年以降、裁判所の行政・財政的な機能を規制し、裁判官の業務を管理している。

　ブラジル法は、大陸法の伝統に従い法律制度上は、原則としていわゆる判例拘束性の原理を採用していない[20]が、次の2つの例外に留意しなければならない。まず2004年の第45憲法修正に基づく連邦最高裁判所（STF）の拘束性判決要旨（súmulas vinculantes）であるが、STFが繰り返し判断した重要性の高い拘束性判例要旨については、他の裁判所のみならず政府機関も拘束され、これと異なる判断は許容されない。もう一つは2006年の法律第11276号

---

18)　これらの省庁の名称は2011年現在の政府組織をもとに訳出した。

19)　大統領にかかる権限を認めているのは、ラテンアメリカ法の特色である。

20)　連邦最高裁判所および連邦高等裁判所の判決についても同様である（Welber Barral and Rafael Bicca Machado, in Deffenti and Barral, *supra*. note 15, at 184.

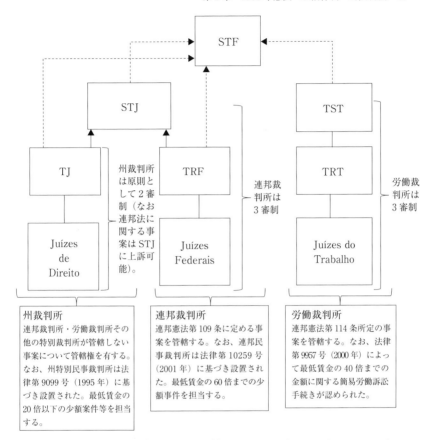

図1-2　ブラジルの司法制度の概要（筆者作成資料）

注：STFは憲法の適用と解釈について判断する。TJおよびTRFからSTFへの破
　　線矢印は憲法解釈が含まれる事案についてのSTFに対する特別上訴（recurso
　　extraordinário）を示す。STFはまた一定の事案（連邦憲法第102条）について
　　STJやTSTなど高等裁判所の上訴審となる。なお実線矢印は連邦法の解釈・適
　　用に関する最終的判断権限を有する高等裁判所への上訴を示す。なお、選挙裁
　　判所や軍事裁判所などの特別裁判所はこの図においては省略した。

（LEI Nº 11.276, DE 7 DE FEVEREIRO DE 2006）[21] および法律第11277号

---

21)　1973年1月11日付法律第5869号（民事訴訟法）の第504条、第506条、第515条
　　および第518条を改正する法律。

(LEI Nº 11.277, DE 7 DE FEVEREIRO DE 2006)[22] によって定められた重要判決要旨（súmulas imperartivas de recurso：上告が認められない重要判決要旨の意味）であり、連邦高等裁判所（STJ）の重要判例の要旨に準拠して下級審が判決を下した事案については、当事者はこの重要判決要旨にかかる下級審の判断について不服であっても、これをさらに STJ に控訴した上で判断を求めることができない。

（1）　連邦最高裁判所（Supremo Tribunal Federal：STF)[23]

　憲法の適用と解釈について判断する裁判所である。11 名の判事（Ministros）は、大統領が指名し、連邦上院の絶対多数による同意を得て任命する。STFは憲法の適用と解釈について判断する。図 1-2 における破線矢印は憲法解釈が含まれる事案についての STF に対する特別上訴（recurso extraordinário）を示す。STF はまた一定の事案（憲法第 102 条）について STJ や TST など高等裁判所の上訴審となる。なお実線矢印は連邦法の解釈・適用に関する最終的判断権限を有する高等裁判所への上訴を示す。

（2）　連邦高等裁判所（Superior Tribunal de Justiça：STJ))[24]

　連邦法に関する事案の上告審であり、州裁判所のあつかう案件についても連邦法に関する事案は STJ が上告審となる（その他の州レベルの案件は州高等裁判所が最終審となる）。大統領が指名し、連邦上院の同意を得て任命する最

---

22)　民事訴訟法に第 285-A 条を追加する法律。

23)　STF の HP（http://www.stf.jus.br/portal/principal/principal.asp）は、ポルトガル語の他にスペイン語でも検索・閲覧が可能（重要判例については英訳も掲載されている：http://www.stf.jus.br/portal/jurisprudenciaTraduzida/jurisprudenciaTraduzida.asp）。判例の検索は、STF（http://www.stf.jus.br/portal/principal/principal.asp）→ Jurisprudência（判例）→ Pesquisa（調査）と進み、調査項目にキーワードを挿入する必要がある（上記 URL は 2019 年 11 月確認）。

24)　STJ（http://www.stj.jus.br/portal/site/STJ）および TRF（http://www.tst.jus.br/）もその HP を活用して判例検索が可能である。また、"Portal da Legislação"（法情報ポータルサイト）においても判例検索が可能である（上記 URL は 2019 年 11 月確認）。

低33名の判事（Ministros）からなる。

（3）　連邦地方裁判所（Tribunal Regional Federal：TRF）

　連邦地方裁判所は、全土を5つの管区に区分し、各管区に所在する連邦地方裁判所および連邦判事（Juízes Federais）で構成される。例えば第3管区連邦地方裁判所はサンパウロ市に所在しサンパウロ州および南部マトグロッソ州を管轄する。連邦裁判所は、連邦、独立行政機関または連邦公社が原告、被告、補佐人または抗告人として関与する訴訟、外国または国際機関とムニシピオまたはブラジル居住者との間の訴訟、連邦と外国または国際機関との条約または契約にもとづく訴訟など憲法第109条に定める事項について管轄権を有する。なお、連邦特別裁判所は、2001年の法律第10259号（Lei 10.259/2001 - Juizados Especiais Federais（JEF））に基づき設置され、最低賃金の60倍までの少額事件を担当している。

（4）　州裁判所（Tribunal de Justiça：TJ）[25]

　州高等裁判所および州司法判事（Juízes de Direito）から成る。国家もしくは連邦レベルの公職を務めるものを当事者としない刑事、民事、商事に関する州および市町村の法律・条令等の違憲性に関する訴訟を判断する裁判所である。TJは各州に一つずつ存在し、さらに州内はいくつかのムニシピオを括る形で司法区（comarcas）に区分されている。各司法区は一つ以上の第一審裁判所（vara）を有する。第一審裁判所の判決に不服な当事者は、TJに控訴が可能であり、TJは原則として州裁判所の最終審となる。ただし、連邦法に関する事案についてはSTJに上訴が可能である。

---

25)　各州の裁判所はそれぞれのHPを有している。例えばサンパウロ州高等裁判所のHPのURLは http://www.tjsp.jus.br/Default.asp （2019年11月確認）であり、ここから判例検索が可能である。

（5）労働裁判所

労働裁判所は、労働関係の案件を解決する責任を負う。高等労働裁判所（Tribunal Superior do Trabalho：TST 27人の判事がつとめる）、各地方労働裁判所（Tribunal Regional do Trabalho：TRT 国内に24のTRTが存在する）、労働裁判所判事（労働事件に関する第一審裁判所で国内に約1300の裁判所が存在する[26]）、および和解裁定委員会からなる。なお、2000年の法律第9957号によって最低賃金の40倍までの金額に関する簡易労働訴訟手続き（Procedimento Sumaríssimo）が認められた。労働裁判所は、憲法第114条所定の労働事件を管轄する。なお、2000年の法律第9957号（LEI No 9.957, DE 12 DE JANEIRO DE 2000）によって最低賃金の40倍までの金額に関する簡易労働訴訟手続きが認められた。

（6）選挙裁判所

高等選挙裁判所（Tribunal Superior Eleitoral：TSE）、各地方選挙裁判所（Tribunal Regional Eleitoral：TRE）、選挙裁判官、選挙委員会からなる。選挙の実施、管理、監視ならびに政党の結成および登録に関する責任を負う。

（7）軍事裁判所

軍事上の犯罪を訴追し、裁くプロセスの責任を負う。高等軍事裁判所（Superior Tribunal Militar：STM）、軍事司法判事、各軍事裁判所、軍事司法審議会からなる。

（8）特別裁判所

1995年の法律第9099号（Lei Nº 9.099, de 26 de setembro de 1995, Dispõe sobre os Juizados Especiais Cíveis e Criminais）によって州レベルの特別裁判所（小規模な案件について調停を推進するなど簡潔で迅速な紛争処理を目的

26）　Estêvão Mallet, Labour Law, in Deffenti and Barral, *supra* note 15, at 180.

とした司法機関）が創設されたが、2001年の法律第10259号（Lei No 10.259, de 12 de junho de 2001, Dispõe sobre a instituição dos Juizados Especiais Cíveis e Criminais no âmbito da Justiça Federal）によって連邦レベルの特別裁判所も創設されることになった。

4.　訴　訟　件　数（図1-3〜1-5参照）

　ブラジルの訴訟案件数は下記のとおりであり、増加する濫訴が訴訟手続きの慢性的遅延を引き起こしている。2017年度の新規訴訟件数は2,900万件を超え（図1-3参照）、同年度末の審理中の案件数は8000万件を超えている（図1-4参照）。新規案件についても、また審理中の案件についても、係属裁判所の分類別にみた場合、州裁判所の占める割合が最も高く、新規案件については全体の約70％で、審理中の案件についても全体の約80％となっている（図1-5参照）。かかる状況

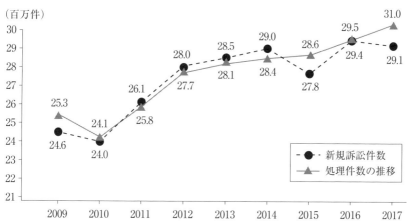

図1-3　2009-2017年度年度の新規訴訟件数および処理件数の推移（全裁判所対象）
出典：ブラジル全国司法審議会（Conselho Nacional de Justiça：CNJ）が公表している Justiça em Numeros（2018）に基づく。なおCNJは、2004年に創設され、司法全体の運営および財務について管理し、かつ各判事の職務遂行状況の管理・監督を行う独立行政機関である。
CNJ Justiça em Numeros（2018）at 74（2019年11月確認）

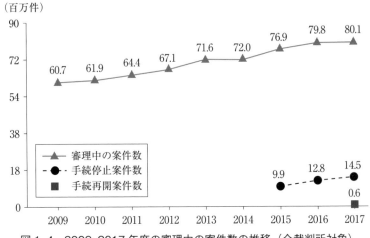

図 1-4　2009-2017 年度の審理中の案件数の推移（全裁判所対象）

出典：CNJ Justiça em Numeros（2018）at 74（2019 年 11 月確認）

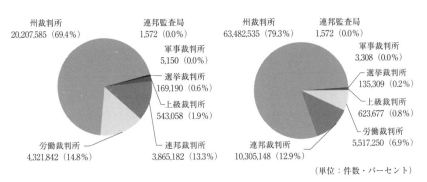

図 1-5　新規訴訟案件（左図）および審理中の案件（右図）の係属裁判所区分

出典：CNJ Justiça em Numeros（2018）at 78（2019 年 11 月確認）

の下で、裁判手続の長期化という弊害もひき起されていて、債務の履行を免れるために意図的に訴訟を選択する企業もみられるので、商事紛争の解決についてはブラジル国内の商事仲裁の活用も選択肢の一つとなろう（第Ⅱ編第 4 章参照）。

Ⅲ. 法規範の種類（図1-6参照）

1. 概　　要

　ブラジルにおいて法源（fonte do direito）は、法規範、法の一般原則、類推（analogia）および慣習である（Lei de Introdução às Normas do Direito Brasileiro-Lei 12.376 de 2010）。以下にブラジルの法規範について解説する。

　ブラジルには現在26の州と連邦直轄区（ブラジリア）があるが、各州にはそれぞれの州議会があり、州法の制定権限を有する。連邦法は民事・商事・刑事・訴訟手続きなど広範囲に及ぶが、州法は、環境・消費者保護・税などに関して立法され、それらは憲法及び連邦法に準拠することが求められている。例えばLei Antifumo do Estado de São Paulo - Lei 13541/09 -Lei nº 13.541,

　① 連邦憲法（Constituição Federal）・憲法修正（Emendas）

　② 憲法補足法（Leis Complementares）[注]

　③ 通常法（Leis Ordinárias）・委任法（Leis Delegadas）・暫定措置法（Medidas Provisórias）・立法府命令（Decretos Legislativos）・上院決議（Resoluções do Senado）

　④ 規則（Decretos Regulamentares）

　⑤ 下位の行政規範（atos administrativos Inferiors; portarias, circulares, Ordem de serviço）

注：憲法補足法と通常法の間に優劣関係が存在するか否かについて学説の対立がある。

図1-6　連邦法の階層

出典：Vitor Frederico Kümpel, Introdução ao ESTUDO DO DIREITO-Lei de Introdução ao Código Civil e Hermenêutica Jurídica-（Editora Método, 2009）pp.62-78を参考に筆者が作成

de 7 de maio de 2009 は、サンパウロ州内において公共の場での喫煙を禁止する州法である。

　また、ムニシピオも議会を有し、法令の制定権限を有しているが、その権限は地域的利益に関する事項に限定される。例えば Lei Orgâica do Município de São Paulo はサンパウロ市の立法・行政組織等に関するムニシピオ法である。

　連邦法については、以下に述べる通り①連邦憲法・憲法修正、②憲法補足法、③通常法・委任法・暫定措置法・立法府命令・決定、④命令および⑤行政規則という5層の法規範が存在する（憲法第59条）。

（1）憲法（Constituição Federal）および憲法修正（Emendas：憲法第60条）

　憲法はブラジルの最高法規である。ブラジルの下院・上院において3分の1以上の議員の同意が得られた場合に憲法修正が発議され（その他、大統領および連邦構成単位の立法議会にも発議権がある）、両院でそれぞれ2回にわたり5分の3以上の同意が得られたときに修正が承認される。承認された修正憲法は憲法規範としての効力を有する。ブラジルでは1988年から現在までに100回以上の憲法修正がなされている。

（2）憲法補足法（Leis Complementares：憲法 第69条）

　憲法が特に補足法に委ねる旨を明示的に規定する場合（例えば CF 第153条は連邦の租税徴収権に関する規定であるが同条 VII 号は大規模資産税については補足法が定める旨を規定する）、補足法は議院の絶対多数（出席議員の過半数）で採択される。1988年から2013年までに86件の憲法補足法が承認された。

（3）通常法・暫定措置法他

①　通常法（Leis Ordinarias：憲法第47条）

　一般に法律と称される規範が通常法である。連邦政府、州政府およびムニシピオによって毎日80件以上の法律が制定され、年間では3万件以上、そして1988年から2013年までに60万件以上の通常法が制定されていると

言われる[27]。

② 委任法（Leis Delegadas：憲法第 68 条）

　委任法は共和国大統領によって編纂され、大統領は国会に対し委任を要請しなければならない。ただし、司法府・検察の組織や構成員の身分保障、公民権、個人の権利、参政権、選挙権など憲法第 68 条が規定する一定の事項については委任が認められない。

③ 暫定措置法（Medidas Provisórias：憲法第 62 条）

　重大で緊急を要する場合に大統領が発議される。暫定措置法は法律としての効力を有するが、有効期間は 60 日間で、さらに 60 日間延長できる。公布された後に、法律への転換を審議するために国会に上程されなければならない。国会で承認が得られない場合は効力を喪失する。

④ 立法府命令（Decretos Legislativos：憲法第 49 条）

　憲法第 49 条および 62 条に規定する事項を実施するために国会に専属的に認められた議決行為である。なお、ブラジルが批准する条約は、立法府命令によって国内で実施される（例えばブラジルは 1998 年 12 月に OECD 外国公務員贈賄禁止条約に署名したが、その後 2000 年 11 月 20 日付立法府命令（Decreto）第 3678 号を制定しこれによって本条約を国内実施した）。民事、税、商事、労働等に関する条約は、国内で実施された場合、当該条約が優先して適用される。立法府命令の制定に関する詳細手続きは、上院・下院の内規（Regimentos Internos）に規定されている。

⑤ 決定（Resoluções; 憲法 第 51、52 条）

　国会の政治的・訴訟立法的・事務的事項につき定めるもので、例えば共和国大統領、副大統領または大臣の弾劾手続きの開始は議員数の 3 分の 2 以上により認可される。

---

27)　Antonio Fernando Pires, *Direito Constitucional*（Rio de Janeiro: Campus Jurídicos, 2014）at 17).

（4）　規則（Decretos Regulamentares：憲法第 84 条 IV 号）

　行政府により発せられる規範命令（Decreto Regulamentares）は、行政府の専権事項に関して発せられるもので、法律の実施に関する細則を定めるものである。ただし、法律の内容を修正・変更することは認められない。

（5）　下位の行政規範（atos administrativos inferiores）

　Instrução Normativas, Portarias, Regimento Internos, Provimentos など様々な呼称で各行政機関が発する規範をいう。これらは原則としてこれを公示した政府機関内で適用されるものであるが、企業活動に大きな影響を与える行政規則範も存在する（例えば中央銀行が発する行政規則は外国への送金や為替に関連する内容を含む）。また、複数の省庁により公示される規範は Portaria Interministral と称される。

2.　ブラジル法情報の検索

　ブラジルの法令は国会で承認されると、ブラジル大統領が裁可（大統領が拒否権を行使した条文は承認された法案から削除される）し、その内容が連邦官報（Diário Official da União：DOU）に掲載されるので、通常法の公式な内容は DOU で確認すべきである。大統領府官房庁（Presidência da República, Casa Civil）の公報を掲載するウェブサイト（http://portal.in.gov.br/）を通じて DOU の検索が可能である（最終確認 2019 年 11 月）。

　また、ブラジルは法典主義を採用する国であることから現地で出版されている法令集から法令を検索することも可能である。VADE-MECUM はわが国の六法全書に該当するもので、各種の VADE-MECUM が Editora Saraiva などから毎年出版されている。

　その他、ブラジルにおける法令は、大統領府官房長が運営するウェブサイト「法情報ポータルサイト」（Portal da Legislação：http://www4.planalto. gov.br/legislacao）で検索が可能である。同ウェブサイトでは、条約や重要判例要旨、州法などの検索も可能である。ちなみにわが国の特許庁のウェブサ

イト（新興国等知財情報データバンク：http://www.globalipdb.jpo.go.jp）は
"portal da Legislação" の使用方法を解説しているので参考になろう。さら
に、ブラジル国会のウェブサイト（http://www2.camara.leg.br/）において
も法令番号（例えばブラジル競争保護法は "lei 12529"）を入力して法令を検
索することが可能であり、法情報・法令データ（Legislação Informatizada -
Dados da Norma）には法案の内容や、審議の状況、そして大統領による拒否
権行使の状況などが掲載されている（上記 URL の最終確認は 2019 年 11 月）。

第**2**章

刑法および刑事訴訟法

Ⅰ．刑法（Código Penal do Brasil）

　ブラジルにおいては、1830 年および 1890 年に刑法典が制定されているが、現在効力を有する刑法は、1940 年 12 月 7 日付法規政令第 2848 号（decreto-lei nº 2.848, de 7 de dezembro de 1940）であり、本法は estado novo 体制（新国家体制）の確立を目指すヴァルガス政権（法務大臣はフランシスコ・カンポス）の下で制定された。

　その後、数次の改正を経ており、近年では 1984 年法律第 7209 号および 1998 年の法律第 9777 号による改正を経ている。刑法は、総則と各論を併せ全体で 361 の条文からなっている。総則は、第 1 編 適用範囲、第 2 編 犯罪、第 3 編 責任能力、第 4 編 共犯、第 5 編 刑事罰、第 6 編 保安処分、第 7 編 刑事訴訟、および第 8 編 時効である。また、各論は「罪」について規定するが、第 1 編 生命に対する犯罪、第 2 編 財産に対する犯罪、第 3 編 無体財産に対する犯罪、第 4 編 労働に対する犯罪、第 5 編 信仰および死者の尊厳に対する犯罪、第 6 編 性犯罪、第 7 編 家族制度に対する犯罪、第 8 編 公共の安全に対する犯罪、第 9 編 公安に対する犯罪、第 10 編 公の信用に対する犯罪、および第 11 編 公共行政に対する犯罪で構成されている。

　刑法は、1988 年憲法の下で次の諸原則を確立している[28]。第 1 は**罪刑法定**

28）　Antônio Sérgio Altieride Morares Pitombo, Criminal Law and Procedure, in Deffenti

主義（Princípio da Legalidade ou da reserva legal）[29]であり、法律に定めがなければ犯罪とならない。また事後法は禁止し、あらかじめ制定された法律によってはじめて刑罰を科すことが可能となり、その遡及効は認められない（憲法第5条39・40号）。第2は、**有責性原則**（Princípio da culpabilidade ou nullum crimen sine culpa）[30]であり、刑法の下で無過失責任を問われることはない。第3は、**尊厳の保障**（Princípio da humanidade）[31]であり、刑法は基本的権利および自由を侵害するいかなる差別も処罰するとし、さらに受刑者に対して身体上および精神上の完全な尊重が保障されている[32]。第4に**法定刑の遵守原則**（Princípio da responsabilidade pessoal do agente）[33]であり、裁判官は法律に規定された通りの刑罰を科すことのみが許容され、また罪を犯した個人に対してのみ刑罰は適用され、その承継人等に責任は波及しない[34]。そして特別裁判所は設置することが禁止される。第5は、**刑罰適用の最小化原則**（Princípio da intervenção minima）であり、刑法は他人に対する侵害行為の内、重要な行為のみを犯罪とし、軽微な侵害に刑罰を適用しない。第6は、**法益保護原則**であり、刑法は基本的人権の保障や社会における共生などの法益保護に限定して適用される（Princípio da exclusiva proteção de bens jurídicos）。第7は、犯罪の重大性に比例した刑事罰の**比例原則**（Princípio da Proporcionalidade da pena）であり、犯罪行為の重大性と適用される刑事罰の重さは、比例的でなければならない。

　一人の者が数個の罪を犯した場合の罪数（concurso de crimes）について、ブラジル刑法第69条ないし第71条は次の通り定めている。すなわち、犯罪

---

and Barral, *supra* note 15 at 205-208 参照。

29)　憲法第5条第34号。

30)　憲法第1条第3号、第5条本文および同条第46号。

31)　憲法第1条第3号。

32)　ブラジルでは、憲法第47条第5項において死刑が禁止されている。

33)　憲法第5条第46号。

34)　憲法第5条第45号。

の実在的競合（concurso material）[35]とは、ある者が一つ以上の同種または異なる行為によって複数の罪を犯した場合、それぞれの刑についての罰則が加重される[36]。

　次に犯罪の観念的競合（concurso formal）[37]とは、刑法の罪数論上の概念であり、1個の行為が2個以上の罪名に該当する場合をいう。観念的競合の処罰については、その最も重い刑により処断し、また同じ程度の刑である場合は、その一つの刑について6分の1ないし2分の1を加重する。

　最後に連続犯（crime continuado）[38]とは、複数個の行為が連続して行われ、それらの行為が全て同じ罪名に該当する場合を意味する。わが国では、かつて刑法第55条に連続犯に関する規定があり、いくつ同じ罪を犯しても、それらが加重されることなく処罰されていたが、1947年に同規定は廃止された。ブラジル刑法第71条の下で、連続して同一の罪が犯された場合は、同罪について単一の刑を適用し、種類が異なる罪が連続した場合は、最も重い刑が適用される単一の罪について刑が適用される。

　なお、刑法典については1940年の制定から長い年月が経過しており、その改正の必要性が求められていたところ、法律家で構成される刑法改正委員会が取りまとめた刑法改正法案（PLS 236/2012[39]）は2012年に上院に提出されて以降、審議が継続されている[40]。

35）　刑法第69条。

36）　Antônio Sérgio Altieride Morares Pitombo, Criminal Law and Procedure, in Deffenti and Barral, *supra* note 15 at 211。

37）　刑法第70条。

38）　刑法第71条。

39）　Projeto de Lei do Senado n° 236, de 2012 –（NOVO CÓDIGO PENAL）

40）　2019年11月現在、上院において審議継続中。

Ⅱ. 刑事訴訟法（Código de Processo Penal do Brasil）

　刑事手続を定める刑事訴訟法は、法学者 Francisco Luís da Silva Campos によって起草された 1941 年の法規政令第 3689 号（DECRETO-LEI Nº 3.689, DE 3 DE OUTUBRO DE 1941 - Código de Processo Penal）が現在でも効力を有している。全体で 811 条の条文で構成され、第Ⅰ部 手続き全般、第Ⅱ部 各種の手続き、第Ⅲ部 上訴の無効、第Ⅳ部 執行、そして第Ⅴ部 海外の司法当局との法的関係で構成されている。

　なお、刑事訴訟法は 2008 年に一部改正されたが、それのみでは社会に適合していないとして、ブラジル上院は法律家で構成される委員会を組成した。同委員会による刑事訴訟法改正草案（Projeto de Lei nº 8045, de 2010）は 2009 年に完成し、同委員会で継続審議中である）[41]。

　1988 年憲法の下で刑事訴訟法は次の原則を明示している。第 1 に**デュープロセス**（Princípio do devido processo legal）であるが、これは何人も法の定める適正な手続きによらなければ、生命・自由または財産を奪われないとする原則である（憲法第 5 条第 54 号）。なお、本原則から派生する保障として、単に犯罪を規定する法律が存在するだけでは足りず、さらにその内容が適正なものでなければならないと考えられている。第 2 に**特別裁判所の禁止原則**（Princípio do Juiz Natural）である（憲法第 5 条第 37・53 号）。第 3 に**対審制度と完全な防御の保障**（Princípio do Contraditório）であり、憲法は訴訟当事者および一般被告に対審と弁護に固有の手段と控訴を伴う広範な弁護を保障している（同条第 55 号）。第 4 に**不正な手段により入手された証拠**について、その証拠力を否定している（Princípio da Proibição de Provas Ilícitas）（同条第 56 号）。第 5 に**無罪推定原則**（Princípio do Estado de Inocência）であり、何人も刑法上の有罪が確定するまでは犯罪人とはみなされることはない（同条 57 号）。最後に、**裁判の公開の保障**（Princípio da Publicidade）であ

---

41)　2019 年 3 月に刑事訴訟法案の検討委員会が組成され、法案の審議が継続されている。

り、司法権の諸機関のすべての審理は公開とし、すべての決定は正当な根拠を
有するものでなければならない（第93条第9号）。

第3章

民 商 法

I. 2002年ブラジル民法典 （Código Civil do Brasil）

　民法は、私法の一般法として市民社会における市民相互の関係を規律する法であり、商法は民法の特別法という関係にある。ブラジルにおいては、1850年に最初の商法典（法律第556号）が制定され、1916年に至ってはじめて民法典（法律第3071号）[42] が制定された。ラテンアメリカ諸国との比較では遅く制定されたこの民法典については、制定後まもなく経済の進展による社会的変化を反映した改正が必要であると認識され、1930年代から債権法改正の作業が開始されたが、その後に全面改正が必要であると認識され、1972年には改正原案が作成された。そして、国会における審議を経て新民法典（2002年法律第10406号：以下「民法典」または「民法」という）が成立した。この際に、商法典の大部分の規定は、この民法典に統合された。

　民法典は、旧民法と同じく大陸法の伝統にならったパンデクテン方式の法典で、全体で2046の条文で構成される。大きく分けて総則と各論の2部で構成され、総則は、第I編「人」（第1条～第78条）、第II編「物」（第79条～第103条）、第III編「法律事実」（第104条～第232条）からなり、各論は、第I編「債権」（第233条～第965条）、第II編「企業法」（第966条～第1195条）、第III編「物権」（第1196条～第1510条）、第IV編「家族法」（第1511条～第

---

42)　1900年ドイツ民法典（BGB）が施行され、その精緻な論理はブラジルの法律家に影響を与え、1916年民法のモデルとされた。

1783 条）、第Ⅴ編「相続法」（第 1784 条～第 2027 条）および補足編（第 2028
条～第 2046 条）で構成されている。

1. 総則（Parte Geral）

　総則は、「人」「物」「法律事実」の各編で構成されているが、「人」について
定める第 1 編に法人格の否認規定（第 50 条）が追加された。同条は、「法人
の目的外行為や資産の混同など、法人格の濫用があった場合は、裁判官は当事
者の申立て、または検察庁が訴訟に介入した場合はその申立てに基づき、一定
の特定された責任が管理役員または法人の出資者に遡及することを決定するこ
とができる」と定める。従来、ブラジルの裁判所は法人格否認法理の適用につ
いて慎重な態度を示していたが、消費者保護法（1990 年法律第 8078 号）、経
済秩序維持法（1994 年法律第 8884 号）、環境基本法（1998 年法律第 9605 号）
などの特別法において、法人格否認規定が導入されつつあった。

2. 債権法（Direito das Obrigações）

　民法典は、第 233 条から第 965 条において第Ⅰ編 債権法（do direito das
obrigações）の規定をおいている。同編は、第 1 章 債務の諸態様（das moda-
lidades das obrigações：第 260 ～ 285 条）、第 2 章 債権譲渡（da transmissão
das obrigações）、第 3 章 債務の履行と消滅（do adimplemento e extinção das
obrigações：第 304 ～ 420 条）、第 4 章 債務不履行（do inadimplemento das
obrigações：第 384 ～ 420 条）、第 5 章 契約一般（das contratos em geral：第
421 ～ 480 条）、第 6 章 各種の契約（das várias espécies de ontrato：第 481 ～
853 条）、第 7 章 一方的行為（gos atos unilaterais：第 854 ～ 886 条）、第 8 章
有価証券（dos títulos de crédito：第 887 ～ 926 条）、第 9 章 民事責任 [43]（da
responsabilidade civil：第 927 ～ 954 条）、そして第 10 章 優先権および先取特

---

43)　ブラジルにおいて、民事責任は倫理規範、宗教規範、社会的規範に加えて、民事お

権（das preferências e privilégios creditórios）で構成されている。

　ブラジル民法における債権法は、債権法総論と契約法の双方の規定を包含している。契約総論の冒頭には、「契約自由原則は契約の社会的機能の範囲内で許容される」（第 421 条）との規定と信義誠実原則（第 422 条）が新たに規定された。これは、矛盾行為禁止原則（*venire contra factum proprium*）を含意する規定であるとされる。また、民法典は、従来から判例や学説で認めていたハードシップについても規定が新設された（第 478 条）。

　民法典は、売買、交換、委託販売、贈与、賃貸借など合計 20 の類型の契約について規定しているが、契約総論には「予備的合意」（Contrato Preliminar）の規定（第 462 条〜 466 条）が設けられた。予備的合意は旧法の下では規定がなく、その法的性格について様々な議論がなされていたが、法典は、予備的合意がなされ、そこに解除条項（cláusula de arrependimento）が規定されていない場合は、何れの当事者もその相手方に確定合意の締結を要求できる（第 463 条）と規定し、さらに相手方が確定合意に応じない場合は、当該当事者に対して損害賠償を請求できると規定している（第 465 条）。

　民法典には附合契約（contrato de adesão）に関する規定が含まれている（本書において附合契約・約款および相手方書式による契約という用語を使用しているが、その厳密な差異にかかわらず、本書で扱う論点についての法的効果は同一と択えている）[44]。また、附合契約に関して、作成者不利原則（*contra proferentem*）（第 423 条）や附合契約受諾者による事前の権利放棄規定を無効とする規定（第 424 条）など、旧民法典では見られなかった規定が存在する。附合契約とは、一般に大量の契約を画一的・定型的に締結し処理することを目的として、あらかじめ定められた契約を意味するが、ブラジル民法の下では、かかる契約について、企業と消費者間の契約にかぎらず、企業間の契約であっても実質的に当事者間でその条件について交渉の余地がない場合は、附合契約

　よび刑事の法規範から派生する（Cláudio Filkenstein, Civil Liability, in Deffenti and Barral, *supra* note 15 at 105）。

44）　民法第 423 条・第 424 条。

として扱われる[45]。附合契約に含まれた条項の解釈が曖昧な場合は、当該条項は附合契約の作成者にとって不利な条件として解釈される[46]。また、仮に附合契約において、それと異なるいかなる当事者間の合意も無効であると規定されていたとしても、附合契約とは別に当事者間で確認された合意書は、附合契約の条項に優先するという解釈が判例に裏付けられた支配的学説である[47]。さらに民法は、附合契約の内容に照らして、その作成者が附合契約使用者の権利を事前に放棄させて、実質的に附合契約使用者が当該附合契約に基づき提供を受ける財や役務の享受を実質的に不可能とする内容の条項は無効とすると規定している[48]。また、1994 年の法律第 8884 号[49]は、経済力濫用禁止原則に基づき、濫用的契約条項を禁止し、特に消費者保護法[50]の下では附合契約の解釈を通じて消費者を保護する傾向が強まっている。

　民法典が規定する 20 の契約類型は、売買、交換、委託販売、贈与、賃貸借等であるが、この中には和解契約（compromisso）も含まれている。仲裁に関しては 1996 年の法律第 9307 号（仲裁法）が規定している（民法第 853 条参照）。

3.　企業法（Direito de Empresa）

　民法典第 966 条から 1033 条は、「企業法」（Direito de Empresa）と題し、企業および会社に関する一般規定を定めている。民法典の下で、法人格を有する会社は、株式会社、有限会社、単純会社、合名会社、合資会社および協同組合であり、また法人格を有しない会社（社団）は、共有社団および匿名組合である。また、2011 年の法律第 12441 号によって個人有限責任企業の設立も認められることになった。 なお、株式会社について、民法典第 1089 条は「株

---

45)　Luciano Benetti Timm, Contract Law, in Deffenti and Barral, *supra* note 15 at 97, 98.

46)　民法第 423 条。

47)　Timm, *supra* note 45 at 98.

48)　民法第 424 条。

49)　法律第 8884 号第 20 条。

50)　消費者保護法第 51 条。

式会社は、特別法により規制し、特別法に規定のない場合は、本法の規定が適用される」と規定しているが、この特別法とは、株式会社法（1976 年法律第6404 号）を意味する。なお、各企業形態の詳細については、「第 5 章 企業法・資本市場法」において解説する。

4. 物権法（Direito das Coisas）・保証（Fiança）

民法典第 1196 条以下に第Ⅲ編—物権法（direito das coisas）に関する諸規定が置かれた。同編は、第 1 章 占有（da posse：第 1196 ～ 1224 条）、第 2 章 物権（dos direitos reais：第 1225 ～ 1227 条）、第 3 章 所有権[51]（da propriedade：第 1228 ～ 1368 条）、第 4 章 地表権[52]（da supercifie：第 1369 ～ 1377 条）、第 5 章 地役権（da servidões：第 1378 ～ 1389 条）、第 6 章 用益権（do usufruto：第 1390 ～ 1411 条）、第 7 章 使用権[53]（do uso：第 1412・1413 条）、第 8 章 居住権[54]（da habitação：第 1414 ～ 1416 条）、第 9 章 購入諾約者の権利[55]（do

---

51) 不動産の所有権は、一般に時効取得（usucapião）、登記（registro do título）、従物取得（acessão）または相続（sucessão）によって取得される。

52) 法律第 20257/2001 号（Estatuto da cidade）および民法の規定により、所有者は土地の地表、地下および地上空間について一定の期間または期限を設けることなく第三者にその使用を許可することができる（ただし民法上は地下空間の使用については制限が設けられている）。

53) 使用権は、対象者およびその家族が生活する上で必要な限度において（quanto o exigirem as necessidades suas e de sua família）該当物件を使用し、その果実を消費することが認められる（民法第 1412 条）。

54) 居住権は 2002 年 1 月 9 日付法律第 10406 号（旧民法第 1611 条第 2 項および 1964 年の法律第 4121 号の下で認められていた権利）に基づく夫婦全部共産制（regime da comunhão universal de bens）の下における配偶者の権利（o direito real de habitação）である。1996 年 5 月 10 日付法律第 9278 号によって 5 年以上継続している内縁関係（união estável）にある配偶者についても居住権が認められた。

55) 一般的には不動産の譲渡は譲渡証書（escritura）によって確認され、それは登記されなければならない。しかし実際には、最初に私製証書としての売買契約（promessa de compra e venda）が当事者間で締結され、当該契約に基づき証書（escritura）が作成され、最終的には不動産登記が為されている。民法は、売買契約が不動産登記所

direito do promitente comprador：第 1417・1418 条)、および第 10 章　質権・抵当権・不動産質（do penhor, da hipoteca e da anticrese：第 1419 ～ 1510 条)で構成されている。

　ここでは、特に担保物権および典型契約の一つとされる保証（fiança）関連の規定を中心に解説する。

（1）抵当権（hipoteca）

　抵当権とは、債務者または第三者が、ある債務の担保として供した物（一般的には不動産）について他の債権者に先立って自己の債権の弁済を受ける権利を意味する。後述する質権（penhor）とは異なり対象物の引渡しを要しないために所有者が抵当権成立後も引き続き使用・収益をすることができる。民法典の第 1473 条～ 1505 条は抵当権について規定している。抵当権の設定は公証人による公正証書（escritura pública）の作成を要する他、当該公正証書は対象不動産を管轄する不動産登記所に登記されなければ、第三者への対抗力を生じ得ない。また、抵当権の対象となった不動産には、複数の債権者の抵当権が設定され得る。ただし債務者がこのような複数の抵当権を設定できるのは、原則として当該不動産の価値が抵当権の対象となる債務額を上回る場合に限定される。また、後順位の抵当権は先順位の抵当権に従うことになる。債務が弁済されない場合は、債権者は抵当権を実行するために対象不動産の競売を裁判所に申請することができる。

（2）質権（*penhor*）

　質権は、債権の担保として質権設定者（債務者または第三者）から受け取った物を質権者（credor pignoratício）が占有し、その物について他の債権者を差し置いて優先的に弁済を受けることができる権利であり、抵当権との相違

　（Cartório de Registro de Imóveis）に登記された場合、購入諾約者は当該不動産について権利者となる権利（direito real à aquisição do imóvel）が認められると規定した。ただし、売主による契約解除権が留保されている場合はこの限りではない。

は占有の移転が要件となる点である。質権については民法典第1431条〜1472条が規定している。質権設定証書（instrument do penhor）には、債務額、履行期限、金利、保証の対象となる資産の詳細などが明記され、それを証書登記所に登記する必要がある。一般的には、債務不履行があった場合、債権者は対象資産を法的手続により競売にかける必要がある。しかし、質権設定証書において、当該資産を一般売却方式で売却できることが認められていれば、当該合意が優先する。

　質権には一般質権と特別質権が存在する。一般質権については登記所（Registro de Títulos e Documentos）に登記される。特別質権としては、農業質権（penhor agrícola）、工業質権（penhor industrial）、商業質権（penhor mercantil）、有価証券質権（penhor sobre direitos e títulos de crédito）、および自動車質権（penhor sobre veículos）などを挙げることができる[56]。

（3）譲渡担保権（alienação fiduciária em garantia）

　譲渡担保権または信託的譲渡（alienação fiduciária）はローマ法の *fiducia cum creditore* に由来する債務者・債権者間の合意であり、主として金融機関による融資等の債権担保について活用が認められている[57]。

　譲渡担保とは、債権者が債権担保の目的で所有権をはじめとする財産権を債務者または物上保証人から形式的に譲り受けて、被担保債権が弁済された場合は、その権利を返還するものである。ブラジルにおいては、民法典第1361条が動産に関する譲渡担保について、また1997年11月20日付法律第9514号が不動産に関する譲渡担保について規定している。なお、1965年7月14日付法律第4728号に基づき債権者は、当該担保物権を第三者に売却し、その債権（売却の手数料等を含む）に充当した残りの金額を、債務者（担保提供者）に返済しなければならない。担保権設定契約等で、債務者が弁済期に債務の弁済をしないときは担保権者に対象物の所有権を取得させるという約定（流質契約：pacto comissório）は禁止されている。

---

56)　José Isaac Pilati, Property Law, in Deffenti and Baral, *supra* note 15 at 80-81.
57)　*Id*. at 82-83.

（4）所有権留保（reserva de domínio）

　所有権留保は当事者間の合意で成立する（民法典第 521 条）が、第三者への対抗力を有するためには、書面合意を債務者の所在地に登録しなければならない。

（5）人的担保（fiança・aval）

　ブラジル法の下での人的保証としては、"fiança"（保証人）と "aval"（約束手形などの支払保証）を挙げることができる。保証についてブラジル民法典は第 818 条～ 839 条に規定している。保証は人的担保であるので物等の引き渡しはその成立要件ではないが、書面によることを必要とする。また、将来の債務についても保証の対象とすることが可能である。なお、支払いを求められた保証人は、債権者に対し、主たる債務者の財産につき執行をなすまで自己の保証債務の履行を拒むことを主張できる（o benefício de ordem）。なお、手形等についての保証（aval）は、ブラジル民法典第 897 条に規定されているが、一部のみの保証は認められず、手形等の金額の全額についての保証でなければならない。

5. 家族法（Direito de Família）

　家族法は、主に婚姻から生じる法律関係を規律する。民法は、婚姻の成立、夫婦財産制度、婚姻の解消、親族関係、養子縁組み、内縁、管財・扶養などを規定している。男女ともに 16 歳に達すれば結婚できるが、18 歳までは両親の許可が必要である（第 1517 条）。ただし、民法典第 1514 条は、「婚姻は男性と女性が判事の面前で婚姻を意思を表明し、判事が婚姻を宣言したときに成立する」と規定し、条文上は同性間の婚姻を排除している。また憲法第 226 条 3 項は、「男女の安定した結合は家族として認められ、法律はその婚姻への転換に便宜を与えなければならない」と規定し、民法典第 1723 条は、男女が家族を形成する目的で公然と長期にわたる同棲を継続しているときに内縁関係を認めている。このように異性間においては、法律が婚姻や同棲について規定して

いるが、同性間については法的に認知されない状況について、学者からは憲法
が定める平等原則に違反するという意見も少なくなかった。

　2011 年 5 月にブラジル最高裁判所は、同性婚のパートナーに対しても男女
間の結婚と同等の権利を認めるという判断を下した[58]。これは、リオデジャ
ネイロ州知事と検察局が、すべての州職員に平等な権利を与えたいとして、最
高裁の判断を仰いでいたものであり、カトリック信者の多いブラジルにおいて
上記判断が下された事実は特筆に値する。さらに、2013 年 5 月にはブラジル
国家司法審議会（Conselho Nacional de Justiça）が同性愛カップルからの要
請があった場合、ブラジルの公証人役場は結婚登録をする義務があるとの判断
を下した。この国家司法審議会の判断に対して不服がある場合は、最高裁に不
服申し立てができる。一方、ブラジルでは、2011 年現在で 27 州のうち 14 州
が同性婚を認めているが、連邦議会において、プロテスタント系国会議員らが
同性婚の合法化に強く反対し同性婚法案の審議は継続されている。なお、サン
パウロ州裁判所は、2011 年に 2 人の男性がシビル・ユニオンから同性婚の関
係へと変更することを認める旨の判断を下した。

（1）　夫婦財産制度（Regime de Bens entre os Cônjuges）

　夫婦の財産については種々の制度が選択可能であるが、一般的に広く行われ
ている制度は、婚姻前の財産は各配偶者に属し、婚姻後に取得した財産は共有
財産とする財産一部共有制度であるといわれている（民法典第 1658 条以下）。
他に民法典は財産包括的共有制度（同第 1667 条以下）や後得財産終局参加制
度（同 1672 条以下）などを規定している。しかし、民法典第 1641 条 2 項は、
60 歳以上の婚姻に際しては夫婦別産制の採用を義務付けていた。この規定は、
2010 年 12 月 9 日付法律第 12344 号によって、70 歳以上の婚姻についての規
定に改正されている。対象年齢が 70 歳に引き上げられたとはいえ、その年代
に至っても十分な判断能力を備えた者も少なくないこともあり、学者からはか

---

58)　ADPF no. 132-RJ/ADI no. 4277-DF, Min. Rel. Ayres Britto, d.j.: 05/05/2011, Tribunal
　　Pleno.（マシャド・ダニエル『ブラジルの同性婚法 ― 判例による法生成と家族概念の
　　転換 ―』（信山社、2018）参照）

かる規定が憲法で保障する人格権、自由権、平等の権利などに抵触するとの見解も示されている。

（2）別居・離婚（Separação e Divórcio）

　婚姻は離婚により解消される（憲法 226 条補項 6、民法第 1571 条補項 1）。長期間にわたり、カトリック教徒の多いブラジルでは判決による法定別居制度はあったものの離婚は禁止されており、再婚も認められない状況であった。しかし、1977 年に憲法が改正され、1977 年 12 月 26 日付法律第 6515 号によって離婚が生涯に 1 回に限り認められるようになり、1988 年憲法も「民事婚は、法律に明示する場合において、1 年以上の法定別居の後、または 2 年以上の事実上の別居が証明された後に、離婚により取り消すことができる」と規定している（第 226 条 6 項、民法第 1580 条も同趣旨）。法定別居は、共同生活の維持が不可能となった場合に、当事者の訴えに基づき裁判所が命じるもので、その理由として、(i) 姦通、(ii) 殺人未遂、(iii) 虐待または重大な侮辱、(iv) 1 年以上継続的な家庭共同生活の放棄、(v) 名誉を棄損する罪による有罪判決、(vi) 不名誉な品行、が挙げられている（民法第 1573 条）。また、1 年以上婚姻し、夫婦双方が裁判官に別居の意思を表明し、その協議が認証された場合も法的別居をすることができる（同第 1574 条）。法定別居が認められると、共同生活及び相互忠実義務並びに財産制を終結する（同第 1576 条）。この時点で実質的には他人と変わらない状態になるが、離婚までの間はいつでも夫婦関係を復活させることができると規定されている（同第 1577 条）。

（3）親権と子の奪取問題（Custódia dos Filhos）

　民法典は、子どもとの関係については、離婚によって、子に関する父母の権利と義務を変更するものではないと規定しており、離婚後も共同して親権を行うことになる（民法第 1579 条）。しかし、問題になるのは、離婚後の子の奪取問題であり、ブラジル法の下では、父母のいずれかが親権または監護権を有する場合に、親権または監護権を有さない一方の親が他方の親の同意を得ずに子どもを連れ去る行為は、重大な犯罪（未成年者略取罪）を構成する。つまり、

18 歳未満の未成年者の子の連れ去りの場合には、2 月以上 2 年以下 の禁錮刑（刑法第 249 条 ）、または 2 年以上 6 年以下の禁錮刑および罰金刑の併科（児童保護法第 237 条）が適用される可能性がある。なお、ブラジルは、ハーグ国際私法会議において 1980 年に採択された「国際的な子の奪取の民事面に関するハーグ条約」（1983 年発効）を 1999 年に批准し 2000 年から国内で施行している。

（4）　相続　（Vocação Hereditária）

民法典は、法定相続人に関して、①生存配偶者および直系卑属、②生存配偶者と直系尊属、③直系尊属がいない場合は生存配偶者のみ、④傍系血族の順と規定している（民法第 1829 条）。また、被相続人の死亡時に配偶者が 2 年以上別居していた場合は、相続権が認められない旨の規定がある（同第 1830 条）。

Ⅱ．ウィーン物品売買条約

国連国際商取引法委員会（UNCITRAL）が起草し、1980 年 4 月のウィーン外交会議において採択され、1988 年 1 月に発効した国際物品売買契約に関する国連条約（CISG：United Nations Convention on Contracts for the International Sale of Goods）は、2014 年 4 月にブラジルについて発効し、ブラジルは世界で 79 番目の CISG 加入国となった（2019 年 9 月時点で本条約締約国は 92 か国である）。他のラテンアメリカ諸国、たとえばメキシコ（発効 1989 年 1 月）、アルゼンチン（発効 1988 年 1 月）、ペルー（発効 2000 年 4 月）チリ（発効 1991 年 3 月）、コロンビア（発効 2002 年 8 月）などと比較すると、ブラジルは CISG の締約までに長期間を要したと言えるが、2012 年の立法府命令（Decreto Legislativo no.538/2012）によって同条約を採択し、その後発効のための手続が進められた。

CISG は、国際的な物品の売買契約に適用される各国に共通な契約法を定める、いわゆる万民法型の私法統一条約であり、国際物品売買契約に関し、契約

の成立および売買契約当事者の権利義務等を規定している。CISG に準拠することを売買当事者が合意することにより、外国法への対応が最小限で済み、準拠法条項の契約交渉の時間を省けることなど、ブラジルの実務界のみならず多くの学者によりその国内実施が望まれていた。

　CISG の発効によって、ブラジルの当事者が本条約締約国に営業所を有する当事者と物品売買取引（ただし消費者取引などの例外あり）を行う場合のみならず、相手方が本条約の非締結国であっても、国際私法の準則により契約準拠法が締約国の法律に指定される場合は、その売買契約について本条約が適用される（CISG 第 1 条 1 項（b））。ただし、原則として当事者はその合意により、本条約の全部または一部の適用を排除するができる。なお、CISG にはブラジルの民法典と異なる規定も含まれている。以下はその代表例である[59]。

　つまり、民法典第 431 条は、変更を加えた承諾は、新たな申込みとみなすと規定しているが、CISG 第 19 条 2 項は、「申込みに対する承諾を意図する応答は、追加的な又は異なる条件を含む場合であっても、当該条件が申込みの内容を実質的に変更しないときは、申込者が不当に遅滞することなくその相違について口頭で異議を述べ、又はその旨の通知を発した場合を除くほか、承諾となる。申込者がそのような異議を述べない場合には、契約の内容は、申込みの内容に承諾に含まれた変更を加えたものとする」と規定している。

　また、民法典第 482 条および 488 条によれば、物品の価格が当事者間で明示的に決まっていない場合は、売主の通常の売値に合意したものとみなすと規定されているが、CISG 第 55 条は、「契約が有効に締結されている場合において、当該契約が明示的又は黙示的に、代金を定めず、又は代金の決定方法について規定していないときは、当事者は、反対の意思を示さない限り、関係する取引分野において同様の状況の下で売却された同種の物品について、契約の締結時に一般的に請求されていた価格を黙示的に適用したものとする」と規定し

---

59)　CISG は国際的な物品の売買取引に関する自動執行条約であり、CISG が規定する適用範囲のみについて適用され、それ以外のブラジル国内における取引については CISG は適用されないことから、かかる相違が存在すること自体は法的障害に該当しない。

ている。

さらに、民法第389条および475条によれば、契約当事者の一方の不履行によって、その相手方は契約を解除する権利を有するが、CISG第25条によれば、「当事者の一方が行った契約違反は、相手方がその契約に基づいて期待することができたものを実質的に奪うような不利益を当該相手方に生じさせる場合には、重大なものとする」と規定し、原則として重大な契約違反が生じなければ、相手方当事者は契約を解除することができない（CISG第49・64条参照）。

そして、CISG第47条第1項は、「買主は、売主による義務の履行のために合理的な長さの付加期間を定めることができる」と規定し、さらに同第2項は、「買主は、第1項の規定に基づいて定めた付加期間内に履行をしない旨の通知を売主から受けた場合を除くほか、当該付加期間内は、契約違反についてのいかなる救済も求めることができない。ただし、買主は、これにより、履行の遅滞について損害賠償の請求をする権利を奪われない」と規定するが、ブラジル民法典にはかかる規定は存在しない

Ⅲ．有価証券（títulos de crédito）法

ブラジルの代表的な信用手形（título de crédito）には、為替手形（letra de cambio）、約束手形（nota promissòria）および商業手形（duplicata）があるが、一般的には商業手形が使用されている。為替手形および約束手形については、民法典（第887～926条）が、そして商業手形については、1968年の法律第5474号（Lei Nº 5.474, de 18 de julho de 1968）およびその改正法（商業手形法）が規定している。商業手形に記載される項目は、商業手形の名称と番号、発行日、インボイス番号、支払日、販売者と購入者の名称と本籍、価格（数字と文言の表示）、支払い場所、指図文句、購入者が債務を確認し手形の決済を約束し引受を声明する署名および発行者の署名である（商業手形法第2条）。なお、今日では、購入者（債務者）の承認しない手形である場合が多く、銀行割引、借入金の保証抵当手形または銀行取立として、金融機関から

購入者（債務者）へ支払い請求が提示されるのが一般的である。購入者（債務者）は期日に指定された銀行へ支払い、商業手形等に決済証明を受取る方式、あるいは債権者の銀行口座へ直接預託し事務処理しているケースなどがみられる。

　なお、商業手形は信用手形であり発行人である債権者が手形の裏書き（endosso）により譲渡される。また保証人（avalista）が手形裏面に署名をすることによって手形保証（aval）が行われる。商業手形を所持する債権者は、期日に債務者が決済しなかった場合、債務決済の連帯責任者である手形の発行人、手形の譲渡者及び保証人へ対し支払い請求または強制取立てが可能である。

第4章
民事訴訟法・倒産法

Ⅰ. 民事訴訟法

　1939年に制定された民事訴訟法に代わり、1973年に制定された法律第5869号（LEI Nº 5.869, DE 11 DE JANEIRO DE 1973、その施行は1974年）は、2015年の法律第13105号によって廃止されるまでブラジルにおける民事訴訟法として効力を有していた。1973年民事訴訟法の、抜本的改革案は2010年に議会に提出され（Projeto de Lei no 166, de 2010（no 8.046/10 na Câmara dos Deputados））、その後5年間の議会における審議を経て、1973年民事訴訟法に代わる民事訴訟法は2015年3月16日付法律第13105号（LEI Nº 13.105, DE 16 DE MARÇO DE 2015, Código de Processo Civil）として成立した（同法は2016年3月から施行され現在に至っている）。旧民事訴訟法は、制定以降、数次の改正を重ねてきたが、人口の増加や経済の発展と共に訴訟件数は飛躍的に増加しているにもかかわらず裁判所職員数は削減され、また訴訟手続が煩雑で判決が下されるまでに長期を要することや、控訴・上告の件数が多いことなどから、裁判所に係属中の訴訟件数は年々増加し、判決までに相当長期を要する状況にあった。2015年民事訴訟法は、このような司法の機能不全を解消し、国民をはじめとする訴訟当事者に対する司法への信頼を回復することを目的としている。同法は、1072の条項からなる法典であるが、その主要な改正点は以下の通りである。

① 調停手続

　2015 年民事訴訟法は、民訴手続の基本準則として、裁判官、弁護士その他の訴訟法当事者に調停やあっせんをはじめとする当事者間の話し合いによる紛争解決を推奨している（民事訴訟法第 3 条 3 項）。当事者が和解の可能性が無いと判断しない限り、担当判事はまず調停人による聴聞手続を開始しなければならない。本手続は、証拠手続に入る前に当事者による和解を促進することを目的としている

② 案件審理の順位

　1973 年民事訴訟法の下では、後で提起された訴訟案件が先に提起された案件よりも先に審理される場合があったが、2015 年民事訴訟法の下では原則として提起された日付にしたがって案件が審理される旨が明定された。

③ 迅速な審理

　2015 年民事訴訟法は、上級審の判決を下級審における類似事例へのガイドとして活用される旨を規定している。上級審は、訴訟の効率性と法的安定性の観点からガイドとなる判断の数を増加する必要がある。

④ 控訴・上告件数の制限

　アメリカの最高裁判所は平均して年間約 70 件の事案を処理していると言われるが、ブラジルの最高裁判所は平均して年間約 60,000 件の案件を処理していると言われる。こうした状況を改善するために、2015 年民事訴訟法の下で、判決の確定を遅らせることのみを目的とした控訴・上告は禁止され、違反した当事者に対しては課徴金が課されることになった。また、控訴のための訴訟費用及び弁護士報酬も増額されたために、従来と比較して控訴に必要な費用は 25% 程度増加するといわれている。

⑤ 当事者主義

　当事者主義（adversary system）とは、事案の解明や証拠の提出に関する主導権を当事者に委ねる原則をいうが、たとえば民事訴訟法第 10 条は、裁判官がいかなる場合であっても、訴訟当事者が反論する機会を与えられることなく職権による判断を下すことを禁止している。訴訟手続において不意打ちを回避し、双方に主張の機会を平等に与えることを保障している。

⑥　証拠手続

　1973 年民事訴訟法の下でも訴訟手続開始前に証拠の提出を認めているが、そのような緊急の必要性は厳格に解釈され、法廷が事前提出を認めることは希であった。新民訴法は、証拠の訴訟手続前提出を認めることによって、和解が促進される可能性が高まる場合には、法廷はそれを認めるものと規定している。

⑦　法人格否認手続

　法人格の否認の主張は増加傾向にあるが、2015 年民事訴訟法は、否認のための手続を規定することにより法的安定性と予見可能性の向上を図った[60]。

⑧　判決の執行

　勝訴した当事者の債権を確保するため、2015 年民事訴訟法は、債務者の資産の債権者への譲渡や処分手続について詳細な規定をおいた。

⑨　国内仲裁廷への協力義務

　2015 年民事訴訟法は、仲裁廷が書面で要求した場合は、裁判所は仲裁廷の判断や決定の執行について必要な協力を行うべき旨が規定された。

⑩　国際裁判管轄

　2015 年民事訴訟法は、訴訟の原因となる事実がブラジル国内の事実に基づく場合（the legal ground being a fact that occurred in brazil）は、ブラジルの裁判所が管轄を有する旨を明確にし、さらに債務者がブラジル国内に居住し、または国内に住所を有する場合にも、ブラジルの裁判所が管轄を有すると規定する。また、消費者訴訟について、消費者がブラジル国内に居住しまたは国内に住所を有する場合は、もし被告がブラジルに住所を有さない場合であっても、ブラジルの裁判所が裁判管轄を有すると規定した。

⑪　裁判管轄の合意

　1973 年民事訴訟法の下では、i）被告がその国籍にかかわらず、ブラジルに居住する場合、ii）ブラジルにおいて債務が履行されなければならない

60）　2017 年の法律第 13467 号により改正された労働法集成の第 855 条は、法人格の否認手続に関して、民事訴訟法の条項が優先する旨を定めた。

場合、または iii）訴えがブラジルにおいて生じた事実またはブラジルでな
された行為に基づく場合（the action arose from a fact that occurred in
Brazil）にはブラジルの裁判所が管轄を有する（1973年民事訴訟法第88条）
ものとされ、また、iv）ブラジル国内の不動産に関する訴訟、または v）ブ
ラジル国内にある財産の目録作成および分配を行う場合もブラジル裁判所が
管轄を有する（同第89条）と規定されていたことから、当事者の合意によっ
てブラジルの裁判所の管轄を排除し、国外の裁判管轄に合意した場合の法的
効力については議論の余地が残されていた。しかし、2015年民事訴訟法は、
当事者がその合意により海外の裁判管轄に合意することを認めている。

⑫　国際司法協力

　2015年民事訴訟法は、国際的司法協力について明文の規定をおいた。こ
の司法協力は、送達や証拠調べの局面に止まらず、外国の中間判決のブラジ
ルにおける執行など広範に及ぶ。

　2015年民事訴訟法は、海外の裁判所が発行した書類で翻訳が付されたも
のについて、ブラジル領事による認証やブラジルの公認翻訳者による翻訳
を不要と規定した。ただし、相互主義に基づき、書類の発行裁判所の所在国
が上記の認証等を要求している場合には、ブラジル裁判所も認証等を要求
する権利を有する。なお、ハーグ国際私法会議で締結された「外国公文書
の認証を不要とする条約」（Convention of 5 October 1961 Abolishing the
Requirement of Legalisation for Foreign Public Documents）について、
わが国は1970年からの締約国であるが、ブラジルは2015年に同条約の締
約国となった（効力発生は2016年）。同条約第3条は、「条約加盟国には、
この署名の真正、文書の署名者の資格及び場合により文書に捺印されている
印章の同一性の証明用として要求することができる唯一の手続当該書を発
行する権限のある当局があり、この当局の付与する証明文は認証が不要とす
る」と規定している。

Ⅱ. 倒産処理法 [61]

　ブラジルの倒産法制は、1945 年 6 月 21 日付法規命令第 7661 号により約 60 年間規律されたが、2005 年に改正破産法（第 11101 号 - LEI 11.101, DE 9 DE FEVEREIRO DE 2005 [62]、以下「改正法」という）が制定され、同年から施行された。改正法は全体で経過規定も含め 201 の条文で構成され、第 1 章 総則、第 2 章 会社更生および破産の共通規定、第 3 章 裁判所の監督下におかれる再生手続、第 4 章 破産手続への移行、第 5 章 破産、第 6 章 民事再生、第 7 章 最終規定となっている。同法は、法主体の破産手続及び裁判上および裁判外における再生手続について定めているが、政府保有会社よび政府支配会社ならびに金融機関等には適用されない [63]。

1. 裁判所の監督下におかれる再生手続（Recuperação Judicial）および裁判外手続としての民事再生（Recuperação Extrajudicial） [64]

　裁判上または裁判外の再生に関する手続は、事業再生計画の策定など一連の手続を通じて、債務者に事業再建の機会を与えることを目的としている。前者の場合、原則として旧経営陣が継続して会社の経営にあたり、裁判所が指名する管理人は、原則としてその経営には立ち入らない形態（いわゆる debtor

---

61）　本節は FabianoDeffenti, Corporate and InsolvencyLaw, in Deffenti and Barral, *supra* note 15 at 131-136 を参照した。

62）　正式名称は、企業家および会社の裁判上および裁判外の再生手続きならびに破産手続に関する 2005 年 2 月 9 日付法律第 11101 号。

63）　FabianoDeffenti, Corporate and Insolvency Law, in Deffenti and Barral, *supra* note, 15 at 131.

64）　裁判外の再生手続は、債権者が債務者に対して開始する強制執行が中止されないという点において、裁判上の再生手続と法的効果が異なる。

in possession 型）の再生手続である。後者（いわゆる pre-package 型の再生手続）であっても、裁判所は一定の範囲で経営の監督を行うことになるが、前者と比較してより手続の迅速性が重視されている。ただし、ブラジルにおける pre-package 型の再生手続はあまり活用が図られていないと言われている。改正法の下で債務者および債権者は、債務者の事業再生計画に関して協議を行い、当該協議を経て、事業再生計画を策定し、債務者の経済的困難の解消を図ることを目的としている。

　裁判上または裁判外の再生手続の申立ては、①債務者（事業者または事業体）、②債務者の生存配偶者、③債務者の相続人または承継人、そして④再生管理人または残存社員である。

　そして債務者が、裁判上または裁判外の再生手続上を申し立てるためには、①2年以上事業を継続をしたことの証明、②破産手続開始決定を過去に受けたことがないこと、または破産手続開始決定を受けたことがある場合には、当該破産に係る責任に関して裁判所の確定した免責決定を得ていること、③再生申立て以前の直近の5年間に、裁判上の再生手続の利益を得ていないこと、そして④業務執行者または支配社員が、改正法で規定されるいずれの破産犯罪についても有罪判決を受けていないことが必要となる。

　裁判上の再生手続開始の申立てが認められた場合、再生手続が有効である限り、強制執行を含む債務者に対して開始され得る全ての未払債務の支払いを求める法的措置が、即時に180日間中断する。債務者は、裁判上の再生手続を実施する裁判所の許可があった日から60日以内に各種計画を裁判所に提出して、負債を有する法主体に関して提案された再生計画の実現可能性を証明しなければならない。再生計画には、法主体が実施予定の再生方法及びその経済合理性に関する詳細な記載をしなければならず、また、法主体の財務状況を示す計算書類を添付しなければならない。

　再生計画が承認されると債務者は、手続開始前に生じた債務の返済を免除されて、再生計画に基づく事業再生が可能となる。

2.　破産（Falência）

　破産とは、破産者の事業活動を停止し、その保有する資産を売却して、債権者への弁済に充てる手続である。破産手続開始の申立ては、破産者自身、株主もしくは社員、または債権者によって以下の場合になされ得る。

① 　40 日分の最低賃金を超える額の債務証書が公証役場に持参され、当該債務証書に基づく流動債務の支払いができないとき。

② 　金額の多寡にかかわらず、金銭債務の強制執行に対して支払いができないとき。

③ 　債務者の資産の不正な換価手続の開始、または有害もしくは不正な方法による債務の支払いがなされたとき。

④ 　債権者を害する態様で行われる第三者、債権者その他の者との全資産もしくは実質的な全資産の架空の取引、もしくは第三者、債権者その他の者への譲渡の企図またはその実行がなされたとき。

⑤ 　債権者の権利の行使を困難にすることを企図した事業本拠地の虚偽の移転または譲渡取引がなされたとき。

⑥ 　債務を履行するのに十分な資産がない状態にもかかわらず、他の全債権者の同意無く第三者への事業譲渡がなされたとき。

⑦ 　債務の支払いに十分な資産を有さないにもかかわらず、主債務者が代理人を選任せずに正当な理由なく不在となったとき。または

⑧ 　主債務者による事業の放棄、または住所若しくは事業の本拠地からの逃避の試みがなされたとき。

　裁判所の破産手続開始決定により、破産者の全債務の弁済期が到来し、また外国通貨建の債務はレアル建債務に転換される。また、手続開始決定により、旧会社経営者に代わって裁判所が指名する管財人が会社の清算手続を遂行する。

　改正法は、一定の法定管理費用等を控除した後の残余財産からの債権者への債務の返済に関し、次の順位を定めている。つまり、(i) 労働関係から生じる債権で債権者一人当たり最低賃金 150 日分を限度とする債権、および労働災

害から生じた債権（ii）物により担保された被担保債権（ただし、当該担保目的物の価値を限度とする）（iii）租税債権（当該租税債権の性質および成立時期にかかわらない。ただし、追徴課税を除く。）（iv）特別優先債権（（a）保全された資産に関する費用、（b）一定の貸付元本債権及び利息債権等）（v）一般優先債権（（a）裁判費用、（b）破産した法主体の債権回収費用等）（vi）無担保債権（vii）契約上の罰金および追徴課税を含む刑事または行政法規違反による罰金（viii）その他の劣後債権の順番で債務の返済に充当される。

　改正倒産法の制定によって、旧法のもとでは原則として会社清算型であった倒産手続から、採算性のある事業について、事業再生を可能とする再生型を基調とする手続に変容を遂げたが、ブラジルにおいて事業主が、採算性の悪化した事業の再生に着手するタイミングが全般的に遅い状況にあり、この点が事業の再生をより困難なものとしているとの問題が指摘されている。

第 5 章
企業法・資本市場法

I. 会 社 法

1. 有限会社法

　ブラジル法の下ではいわゆる「駐在員事務所」という概念が法律上なく、「支店」の設立には連邦政府による事前承認を必要とし特別なケースを除き採用されていないので、結果としてブラジルで事業活動を行うには現地法人の設立が必要である。ブラジルに進出する日系企業が、その現地法人形態として活用されているのは、有限会社（Sociedade Limitada）と株式会社（Sociedade Anônima）であるが、後者は一般に大規模な事業を営む場合に選択される会社形態であり、日系進出企業の大部分は有限会社形態である [65]。有限会社は、2002 年の改正民法施行までは、1919 年の法令により規律されていたが、民法に詳細な規定がおかれた（民法第 1052 条～ 1087 条）。これらの規定に定めのない事項については、単純会社に関する民法の規定（民法第 997 条～ 1038 条）が適用され（民法第 1053 条本文）、また、定款の規定により株式会社法の規定を補足的に適用することが可能である（民法第 1053 条単項）。

　民法第 1052 条単項により、有限会社は 1 名以上の社員によって設立が可能

---

[65]　ブラジルにおける登記された会社の 90％以上は有限会社であるといわれている。

である[66]。有限会社は株式会社と比較すると設立手続が簡便で運営コストも安く、計算書類の開示も原則として要求されない。ただし、有限会社は株式や社債を発行することはできない。また、2007年の株式会社法改正によって、有限会社であってもその企業集団の総資産が2.4億レアルを超える場合、または総売上高が3億レアルを超える場合には株式会社法に準拠した財務書類の計算義務や外部監査人の起用義務が課されることになった（表5-1参照）。

表 5-1　2007年会社法改正後の会社の分類（筆者作成資料）

会社の種別	株式会社法に準拠した財務書類作成義務	ブラジル証券取引委員会（CVM）の規範遵守義務	財務書類の公表義務	外部監査人起用義務
公開株式会社	YES	YES	YES	YES
大規模閉鎖株式会社（企業集団の総資産2.4億レアル超または総売上高が3億レアル超）	YES	NO	YES	YES
閉鎖株式会社	YES	NO	YES	NO
大規模会社（株式会社以外）	YES	NO	NO	YES
会社（株式会社以外）	NO	NO	NO	NO

＊ 2007年改正会社法により大規模有限会社には財務諸表作成等が義務付けられた。表において YES は法的義務があることを、また NO はないことを示している。

2.　株式会社法

　現在のブラジルにおける株式会社法は、1940年に制定された会社法を全面的に改正した1976年12月15日付法律第6404号である（以下「会社法」という）。同法は2019年11月現在、依然として効力を有する法律である。ただし2002年の民法典に株式会社に関する規定が盛り込まれたので、株式会社法

---

66)　2002年1月10日付法律第12441号は民法の規定を一部改正する法律であるが、本法により社員1人のみの有限会社設立が可能となった。また有限会社については最低資本金の規定は無い。

に定めていない事項については民法典の規定（企業法に関する規定。前記第 3 章 I．3 参照）が適用されることが明らかにされた（民法第 1089 条）。

　株式会社は、公開会社（as sociedades anônimas de capital aberto）と閉鎖会社（as sociedades de capital fechado）に分類される。公開会社は、その株式、社債等を証券市場（Mercado de Valores Mobiliários）に上場することが認められている。

　株式会社を設立するためには、最低 2 名の株主が必要である。一定の小規模な非公開会社を除き、計算書類の作成及び公表が義務付けられている。

　株式会社の機関として、まず株主総会（assembleia de sócios）が挙げられる。株主総会は会社の最高意思決定機関であり、定款変更、取締役及び監査役の選任及び解任、計算書類の承認等の権限を有する。定時株主総会は毎年 1 回、会計年度終了日から 4 か月以内に開催しなければならない。次に経営審議会（conselho de administração）および取締役会（diretoria）をあげることができる。公開会社（銀行を含む）については経営審議会の設置が義務的であるが、非公開会社については任意である。経営審議会は、株主総会の決議を経て選出される最低 3 人の審議会メンバーで構成される[67]。その任期は 3 年を超えることはできないが、再選が可能である。経営審議会は、①会社経営に関する全般的助言を行い、②執行取締役の指名・解任・責任追及について責任を有し、③会社資産の譲渡・担保設定に関する権限を有し、④独立監査役の指名・解任に関する権限を有する。

　審議会メンバーは、ブラジルの居住者である必要はないが、非居住者が審議会メンバーとなる場合は、ブラジル国内の代理人の選任が必要とされる。経営審議会が設置されていない会社では、その運営は取締役会（diretoria）が担当する。取締役会は、最低 2 名の取締役[68]（diretor）により構成され、日々の会社業務執行について責任を有する機関である。その任期は 3 年を超えること

---

67)　その者（経営審議会メンバー）が株主であることを要しない。また経営審議会メンバーは自然人でなければならない。
68)　取締役は自然人であることを要する。

ができないが再選は可能である。取締役は、ブラジル居住者でなければならないが、株主である必要はない。なお、経営審議会が設置される場合、審議会メンバーの員数の3分の1を上限に、審議会メンバーが取締役を兼任することができる。

　なお、取締役は会社に対して活発で注意深い者が自らの事業について発揮するであろう注意と同程度の注意義務（o cuidado e diligência que todo homem ativo e probo costuma empregar na administração dos seus próprios negócios）を負担している[69]。また、取締役は会社の目的またはその利益のために（no interesse da companhia）、会社の公的要請および社会的機能を充足すべく（satisfeitas as exigências do bem público e da função social da empresa）法令及び定款によって付与された権限を行使しなければならない[70]。

　株式会社はさらに3名以上5名以下の監査役およびその同数の補欠（supplentes）を選任し、それらの構成員からなる監査役会（Conselho Fiscal）を設置しなければならない[71]。監査役及び補欠は、株主であることを要しないがブラジルに居住する者でなければならない。

　ブラジルでは法人を社会的存在としてとらえ、支配株主に権力濫用の禁止義務を課している。ブラジル会社法は、すべての株主について議決権行使の濫用を禁止し（会社法第115条）、さらに支配株主は「会社の利益を考慮して議決権を行使」する義務を負担している（同第116条単項）。また、「国家の利益を損なう目的」で、または「少数株主または国家経済の損失により会社を利すべく」会社を導く行為は支配株主の権力濫用になる（同第117条1項）。

---

69)　株式会社法第153条。

70)　株式会社法第154条。その他同第156条も取締役の義務について規定している。

71)　株式会社法第161条に基づき、監査役会が常設機関でない場合は、株主総会において全体の議決権の10％以上を代表する株主の請求、または議決権を有しない株主の5％以上を代表する株主の請求によって監査役会を設置しなければならない。

3. 法人格を有する企業組織

有限会社および株式会社を含めブラジル法の下で法人格を有する企業組織は表5-2に記載した通りである。

表5-2　法人格を有する企業組織の分類（筆者作成資料）

企業組織	根拠法令	特徴
Sociedade Simples	民法第997条〜1038条	弁護士事務所、会計事務所、コンサルタントなど出資者本人が直接役務を提供する形態の法人。
合名会社（Sociedade em Nome Coletivo）	民法第1039条〜1044条	出資者は会社債権者に対して無限の連帯責任を負担する。
合資会社（Sociedade em Comandita Simples）	民法第1045条〜1044条	有限責任社員と無限責任社員とで構成される。
有限会社（Sociedade Limitada）	民法第1052条〜1087条	2名以上の出資者が必要。業務執行者は1名以上。
株式会社（Sociedade Anônima）	民法第1088条・1089条および株式会社法	2名以上の株主が必要。経営審議会メンバーは3名以上。業務執行者は2名以上。監査役は3-5名。財務諸表の公開が義務付けられる。
株式合資会社 Sociedade em Comandita por Ações	民法第1090条〜1092条および株式会社法第280条〜284条	株主は有限責任のみを負担。取締役は会社の債務について無限の責任を連帯して負担する。
協同組合（Sociedade Cooperativa）	民法第1093条〜1096条	20名以上の個人より簡易会社として設立される。
個人有限責任企業（Empresa Individual de Responsabilidade Limitada）	2011年7月12日付法律第12441号に基づく民法改正で創設された企業形態	有限責任の一人企業。商号には有限責任企業の略称"EIRELI"を付さなければならない。

4. 公開会社法制

ブラジルの公開会社および授権資本制度を採用する株式会社は、経営審議会（conselho de administração）と取締役会（diretoria）の二層の経営機関を構築する義務がある（株式会社法第138条2項）。前者は、前述の通り少なくとも3

名で構成され（同第140条本文）、会社業務一般方針を策定し、取締役の任命・解任などの権限を有し（同第142条本文）、後者は2名以上の取締役で構成され（同第143条本文）、取締役には会社を代表し業務を執行する権限が付与されている（同第144条本文）。なお、経営審議会構成員は、その3分の1以下の者が取締役を兼任することが認められている（同第143条1項）。

　ブラジル公開企業のコーポレート・ガバナンスについて、経営審議会は重要な役割を担っている。2011年の株式会社法改正以前は、経営審議会構成員は株主から選任されることが必要であり、特に支配株主の利益代表としての性格が強かった。この点、経営審議会構成員の資格要件としての当該会社の株式保有要件は、2011年6月27日付法律第12431号によって廃止された。また、経営審議会メンバーの責任については、株式会社法の諸規定が適用される。さらに、各種の証券市場の規則によって維持すべきコーポレート・ガバナンスの水準が規定されている。

　南米最大の証券取引所であるB3 S.A.[72]（旧サンパウロ証券・商品・先物取引所：BM&F BOVESPA[73]）は、現在 Bovespa Mais、Bovespa Mais Nível 2、Novo Mercado、Nível 2、Nível 1 および Básico と称される6つの市場を有している。このうち高いガバナンス水準が要求される新市場（Novo Mercado）においては、総計3名以上必要とされる経営審議会メンバーのうち2名または総計の20％以上（いずれか大きい数）のメンバーは独立役員であることを要求[74]しており、2年間の任期が保障されている。また、経営審議会会長と取締役社長との兼任を禁止するなどの制約が課されている。その他、行動規範の開示義務に加えて、(i) 報酬の決定方針、(ii) 経営審議会、諮

---

72) B3 は、2017年に BM&F BOVESPA は Cetip S.A. と合併して B3 S.A. と改称した。なお、Cetip は1986年にブラジル中央銀行および金融機関が安全で効率的な証券市場の創設を意図して設立した会社である。

73) 2008年にサンパウロ証券取引所とブラジル商品・先物取引所が合併し、サンパウロ証券・商品・先物取引所となった。

74) Nível 2 の市場に株式等を上場する会社については、経営審議会メンバーは5名以上である必要であり、そのうち20％以上の者は社外役員の要件を充足しなければならない。

問委員会および取締役の選出基準、および（iii）リスクへの対応方針などの開
示義務も規則によって定められている[75]。

5.　M&A 法制

　1976 年に制定当時の 1976 年会社法第 254 条は、公開会社の支配権の譲渡は
CVM の事前の認可を要するものと規定し、同委員会は公開買付によって少数
株主に対する均等な取扱い（特に支配権株式と同単価での買取ること）を保障
すべきと定めていた。しかし、1997 年の法律第 9457 号は、上記第 254 条を廃
止したため、支配権取得者はその対象会社の少数株主が保有する株式を買取る
義務を負担しないことになった。当該改正は、主として 1990 年代にはじまる
公営企業の民営化を推進する目的で採択されたが、学界からは少数株主の権利
を毀損しブラジル資本市場の発展を損なう結果を招きかねないと厳しい非難を
受けた。この問題は、2001 年 10 月 31 日付法律第 10303 号によって、現在の
株式会社法 254 条 -A が新設され、支配権取得者の義務（支配権取得の際に少
数株主保有株式を公開買付の方法により取得する義務）が復活した。ただし、
支配権取得者が少数株主保有株式に支払うべき対価は、支配権取得者が支配
株主に支払う一株当たりの株価の 80％相当額を最低買取価額とすべきと定め
られている（第 254 条 -A 本文）。現在は多数の公開会社がその定款で 15％〜
30％程度の株式を取得する者に、それ以外の全株の株式買取りを同一条件で義
務付けている。
　なお、B3（旧 BM&F BOVESPA）の新市場（Novo Mercado）に株式を
上場している会社は、その規則に基づき、ある公開会社の支配権を取得する者
は、同社の少数株主が保有する株式を、支配株主に支払う一株当たりの価格と
同じ単価で買取ることを条件とする公開買付を行う旨を同社定款に規定しなけ
ればならないとされている（規則第 8.1 条）。

---

75)　2018 年 5 月 2 日付証券上場規則（REGULAMENTO PARA LISTAGEM DE EMI-
　　SSORES E ADMISSÃO À NEGOCIAÇÃO DE VALORES MOBILIÁRIOS）。

　また、支配権取得のための公開買付について CVM は、2002 年に指令第 361 号（ブラジル公開買付規則）を発布したが、その後に増加した敵対的買収事案の経験をふまえて CVM は 2010 年指令第 487 号を発布し、公開買付規則が一部改正された。

6. 国際財務報告基準（International Financial Reporting Standard：IFRS）への収斂

　2007 年に制定された法律第 11638 号は、ブラジルにおける企業会計の IFRS へのコンバージェンス措置として、2008 年の事業年度から施行された。同法第 177 条 5 項は、CVM に公開会社に適用される会計規範を、国際的な会計基準に準拠して定める権限と義務を規定した。同法は、公開会社ばかりでなく閉鎖会社であっても、CVM が制定する規則に則り、コンバージェンスの過程に参加できる旨を定めている（同法第 177 条 6 項）。中小企業も含めて IFRS を採用することは、ブラジル企業全般の信頼性向上につながり、それによってコーポレート・ガバナンスが強化されることを意味する。ブラジルの過去の企業不祥事においても粉飾その他会計慣行に大きな問題が存在し、企業に対する信用の失墜を招いてきた。こうした問題に対処すべく、ブラジルは先進諸国に先駆けて IFRS の採用を決定した。なお、この 2007 年改正法は、株式会社ばかりでなく、例えば有限会社であっても、会社または共通の支配下にある会社集団全体の総資産額が 2 億 4,000 万レアルを超えている会社、または年間総売上高が 3 億レアルを超える場合は、2007 年法の計算関連諸規定が適用され、さらにそれらの会社の計算書類は独立監査人によって監査されなければならないものとされた。

7. 小　　　括

　ブラジル株式会社法および CVM 法は、1990 年代の国営企業民営化政策およびその後の開放経済政策にそれぞれ呼応する形で変革を遂げてきた。特に

2000 年代以降は、外資の大量の流入に伴い、新規株式上場市場を創設すると共に国内資本市場法制および M&A 法制の整備が進められてきた。また、ブラジル企業の国際競争力向上を図るための IFRS への収斂やコーポレート・ガバナンス強化のための上場規則改正など様々な角度から政府主導による法制改革が進められている。

II. 資本市場法 [76)

1. ブラジル金融システム

ブラジル証券取引委員会（Comissão de Valores Mobiliários：CVM）は、1976 年の証券取引委員会法（1976 年 12 月 5 日付法律第 6385 号）によって創設され、証券市場の監督機能がブラジル中央銀行から CVM に移管された。したがって、同国の金融秩序のうち金融機関、通貨および信用供与（狭義の金融市場）に関する規律は中央銀行の権限に属し、他方で証券市場の規律は証券取引委員会の権限のもとにおかれている。広義の金融市場（狭義の金融市場および資本市場の双方）の政策を決定し、これを規律するのが、中央銀行と証券取引委員会双方の上位機関となる国家通貨審議会（Conselho Monetário Nacional）である。

2. 証券取引委員会の組織

76 年証券取引委員会法によって資本市場に関する規制と執行に関する包括的な権限が証券取引委員会に付与され、これによってブラジル資本市場は本格的に機能し始めた。なお、証券取引委員会は、財務省（Ministério da Fazenda）の管下ではあるが、特別法のもとで組織体としての独立性が認められている。証券取引委員会は、大統領が任命する総裁と 4 名の理事で構成され

---

76)　証券取引委員会法の詳細については第 II 部第 1 章を参照のこと。

る合議体（Colegiado）によって運営され、役員（総裁および理事）の任命は連邦上院議会での議論を経て行われる。役員の任期は 5 年であるが再選は認められず、また 5 名の内 1 名は毎年改選される。役員は、自らの辞任、確定判決または財務省による懲戒手続きによらなければ、その地位を奪われない。証券取引委員会は、行政府の一機関でありながら、高い独立性の保証に特徴がある。行政権からの独立性のみならず、規制対象の経済組織からも独立した組織形態は、他の経済規制組織体にも採用されている。なお、総裁には合議体において採決が分かれた場合の決定権が認められていると共に、総裁は証券取引委員会の運営方針策定や任務執行について権限を有し、合議体を招集し、また対外的に委員会を代表する権限などが付与されている。各理事は、会議に参加して議論・議決に参加するほか、総裁より委託された特定プロジェクトの遂行について権限と責任を有する。

　証券取引委員会の役割は、ブラジル証券市場を規律し、発展させ、管理・監督することがその使命である。これらの目的を達成するために、同委員会は、①証券取引が安全に行われるよう保証すること、②証券保有者の保護を与えること、③市場における詐欺的な取引を防止すること、④証券発行会社に関する情報が開示されるよう保証すること、⑤証券市場における公正・公平な取引が保証されること、⑥貯蓄の形成と証券取引の振興を推進すること、⑦証券市場の機能を発揮し発展させること、⑧公開会社の資本市場への投資を恒常的に推進すること、⑨国際的な会計・監査基準導入に向けて国際専門機関等と協定することなどの機能を果たし、それらに呼応する責任・権限が付与されている。

　証券取引委員会は、規律違反の予防または制裁のために、事実を調査し投資家に対する損害の予防とそれに対する行政制裁を与える権限が認められている。行政制裁の制裁金に関しては生じた損害の賠償的な要素は含まれず、500,000 レアル、発行価額または違法な操作の額の 50％または違法な行為によって得た経済的利益または生じた損害の 3 倍を超えないものとされている。なお、金額の算定に際しては、有罪となった者の経済情勢も考慮することとされている。

　行政的制裁を賦すための通常行政手続は、2008 年の政令第 6382 号に基

づき証券取引委員会の制裁手続管理局（Superintendência de Processos Sancionadores：SPS）が連邦特別法務局（Procuradoria Federal Especializada）と協力して執行する（なお不正行為等の調査は基本的に SPS が担当している）。

なお、1997 年の法律第 9457 号によって、証券取引委員会は公益の観点から調査対象者と和解する権限が認められた。これは、アメリカの consent decree（同意判決）の制度に倣って、これを証券取引委員会法に導入したものであるとされる。ブラジルにおける和解制度は、委員会に和解に関する排他的権限を付与するものであり、委員会は裁判所による承認手続きを経ることなく和解をなすことが認められている。

なお、図 5-1 は証券取引委員会の活動状況（2014 ～ 2018 年度）を取りまとめた資料である。

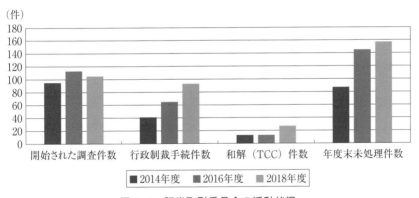

図 5-1　証券取引委員会の活動状況
（Relatório Anual 2018 p32 掲載の資料をもとに筆者が作成）

第 **6** 章

経　済　法

I.　競　争　法

　1988 年憲法の第 170 条は、「経済の秩序は、人間の労働の尊重と創業の自由にもとづき、次の諸原則を遵守して、社会正義の規範に従い、すべてのものに尊厳に値する生活を保障することを目的とする」と規定している。この「自由競争の保障」を具体化する法令が競争法である。ブラジルの競争政策は長期間にわたり脆弱であるといわれてきたところ、1994 年に経済力の濫用の抑制を規律する 1962 年法律第 4137 号を廃止して、新たに競争法を制定した。しかし、2000 年以降改正の議論が活発になり、2011 年 11 月 30 日付法律第 12529 号（現在効力を有するブラジルの競争法）が、2012 年 5 月 29 日から施行された[77]。

II.　マネーロンダリング規制法

　ブラジル経済は 1990 年以降成長を遂げ、それに伴って民主主義の制度と機能が高まってきたが、依然として多発する政治汚職問題や組織的テロ犯罪や麻薬組織による犯罪など治安問題も含め深刻な課題を抱えている。
　資金洗浄規制の分野における国際法を通じた世界的な取り組みは、1980 年代以降、違法薬物にかかわる経済活動が国際的に問題視されるようになったこ

---

[77]　競争法の歴史的沿革および 2011 年競争法の詳細については第 II 編第 2 章を参照。

とを契機として、国連経済社会理事会において始められた。ブラジルは、1988年に採択された「麻薬及び向精神薬の不正取引の防止に関する国際連合条約」（ウィーン条約）、2000年に採択された「国際組織犯罪防止条約」（パレルモ条約）および2001年に採択された「テロリズムに対する資金供与の防止に関する国際条約」にそれぞれ署名し批准している。

　ブラジルは、マネーロンダリング（ML）を規制するために、1998年3月3日付法律第9613号（以下「1998年規制法」という）を制定し、同法に基づいて財務省に属する組織として金融活動監視審議会（Conselho de Controle de Atividades Financeiras：COAF）が創設された。2001年には補足法第105号に基づき、銀行情報に関するCOAFのアクセス権限が拡大された。また、2003年7月9日付法律第10701号は、前述の1998年法の改正法であるが、テロリズムに関する資金供与を1998年規制法に基づく資金洗浄罪の前提犯罪と規定し、さらにCOAFの情報収集権限を拡大して銀行勘定登録制度（registro nacional de contas bancárias）を創設している。

　2012年には法律第12683号が成立し、1998年規制法の更なる改正を行った（以下「2012年規制法」という）。2012年規制法は、1998年規制法第1条に規定されていた前提犯罪をすべて削除し、あらゆる違法行為に関連する資金洗浄行為を規制対象とした。また、資金洗浄の監視機構を構成する金融機関などの違反行為の管理・報告義務者が、法令で定める義務を怠った場合の制裁金の上限は2,000万レアルに引き上げられた（1998年規制法のもとでは20万レアルであった）。その他、COAFの調査権限の一層の強化、差押えられた資産の早期処分権限など、資金洗浄犯罪の調査および訴追を効率化するための一連の改正が行われた。

　資金洗浄に関する金融活動作業部会（Financial Action Task Force on Money Laundering：FATF）および南米における資金洗浄金融作業部会（Grupo de Acción Financiera de Sudamérica：GAFISUD）は、2009年に共同で実施した調査に関する報告書を2010年に公表しているが、上記の改正は当該報告書に記載された勧告にそった内容である。しかし、上記報告書は、ブラジル資金洗浄規制法の問題点として、資金洗浄犯罪が法人のために行われ

た場合であっても、当該法人に対する処罰規定が存在しない点を指摘している。ブラジル法のもとで、資金洗浄犯罪は故意犯と位置付けられており、ブラジルにおける法の基本原則に従って、適用は個人に限定され、法人には適用されない。こうした理由から、2012年規制法のもとでの資金洗浄犯罪についての法人罰規定の導入は見送られたようである。図6-1はCOAFによるML関連資産の年度別差押金額の推移を示したものである。

図6-1　COAFによるML関連資産の年度別差押金額の推移（単位は百万レアル）
出典：2017年度COAF活動報告書 P.21
　　　（http://www.coaf.fazenda.gov.br/o-conselho/relatorio-de-atividades）（2019年 11
　　　月確認）

　なお、ブラジルにおいては一定の額を超える暗号通貨取引について、2019年からブラジル連邦歳入庁（RFB）への報告を義務付けていて、この違反者に対しては罰金刑が科される可能性がある。この規制は、金融活動作業部会（FATF）の暗号通貨サービス提供者をマネーロンダリング対策の一環として規制すべきことなどをまとめたガイダンス（2019年）に準拠した措置である。

Ⅲ. インサイダー取引規制の沿革

1. インサイダー取引とは

　インサイダー取引は、一般に証券市場の公正性や健全性に対する投資家（とりわけ一般投資家）の信頼の確保の趣旨に照らして規制される[78]。ブラジルにおいてインサイダー取引は、「専門的業務の遂行を通じて会社のインサイダーであるものが、会社の重要情報（informações relevantes）が公知になる以前にその会社の発行にかかる証券の取引を行うことであり、そのようにして内部者は、証券の価格が自らが有する情報の影響を受ける前に、証券の売買を行うことである」[79]と定義される。その保護法益は、資本市場の健全な発展に不可欠な情報の透明性を維持し、資本市場の安定と効率性を保全することにある[80]。インサイダー取引規制は、倫理性と経済性の双方の観点から規制がなされると考えられており、後者については、市場で取引される有価証券の価値決定の効率性の問題ととらえられる。つまり、株式の価値は開示された情報によって決定されることから、株式を上場している企業に関する情報がすべて適時開示されるときに最も効率的な価格決定がなされることを前提としている[81]。

78）　近藤光男・吉原和志・黒沼悦郎『金融商品取引法入門』（商事法務、2011）、5-6 頁。

79）　Nelson Eizirik, *Questôes de Direito Societário e Mercado de Capitais* （Rio de Janeiro: Forense, 1987）, at 62.

80）　Nelson Eizirik, Adriána B. Gaal, Flávia Parente,and Marcus de Freitas Henriques, *Mercado de Capitais Regime Jurídico* （Rio de Janeiro: Renovar, 2008）, at 539.

81）　EIZIRIK, Nelson-"Insider trading e responsabilidade do administrador de companhia aberta"-artigo publicado na *Revista de Direito Mercantil*, n 50, abril/junho de 1983.

2. 歴史的沿革

旧会社法（1940年会社法）には、現在の1976年会社法第155条で定める管理役員の会社への忠実義務規定は存在しなかったが、1965年資本市場法の第3条に、中央銀行の責務として、「未公開情報を、株主または個人が、その権限の行使により入手した場合、それを自らまたは第三者のために活用すること」を監視すべきことが明記された。本規定が、ブラジルにおけるインサイダー取引規制の最初の実定法規範であるが、1976年会社法には、アメリカ証券法を参考にして、忠実基準（standard of loyalty）が導入された[82]。第155条本文第1文は、「管理役員は、株式会社に忠実に服務し、その営業に関する秘密を保持しなければならない」と規定する。ここで、「管理役員」とは、経営審議会メンバー、収締役および監査役である。そして、同条第1項は、「公開会社の管理役員は、市場に対して公表されていない情報を職務に基づき入手した場合、流通証券の相場に相当程度に影響し得る情報については、すべて秘密を守る義務があり、かつ流通証券の売買を通じて、自己または第三者のために利益を獲得する目的で情報を利用することは禁止される」と規定した。これは、アメリカのインサイダー取引規制法にならって "disclose or refrain from trading" の原則を採用したものとされる[83]。また、同条第2項は、「管理役員は、第1項に規定される違反行為が、その信頼する部下によって、または第三者を介して行われないように注意しなければならない」と規定している。これは、管理役員の責務として、その管理下または管理役員と信認関係にある者によるインサイダー取引が生じないように注意すべき義務を定めたものである。

　このように、ブラジルにおけるインサイダー取引規制は、もともとは上場会社の管理役員の忠実義務から派生する秘密保持義務に違反することによって生じる責任としてとらえられていた。しかし、2001年の法律第10303号は、

---

82) Modesto Carvalhosa, *Comentários à Lei de Sociedade Anônimas*（3a volume）（São Paulo: Editora Saraiva), at 292-293.

83) Eizirik et al., *supra*. note 80, at 539.

1976年会社法の第155条第4項を新設し、「いかなる者であっても、まだ公開されていない重要情報は、この情報を知り得た者が、自己または第三者のために、流通証券市場で利益を図る目的で利用することは禁止される」と規定した。

　さらにブラジル会社法のもとでは、第115条に規定する支配株主について、管理役員と同質の義務と責任が課されている点に特徴がみられる。管理役員が会社法第155条第1項および第2項に基づき、会社の重要情報について秘密保持義務を負担するのと同様の責任を支配株主も負担すべきであるとの学説が展開され、現在ではインサイダーの概念には、重要情報を市場への公開前に取得するに至った支配株主も当然に含まれると考えられている[84]。

　上記の状況のもと、2002年に証券取引委員会が定めた指令第358号第13条によって、インサイダーには「会社、直接または間接の支配株主、取締役、その他経営審議会や監査役など会社の専門的または諮問的機能を有する機関で定款により創設された機関の構成員が、会社、子会社または関係会社における地位、責務、機能または地位によって重要な行為または情報を得たもの」が含まれることが明示され、それらの者が「証券市場において、自らまたは第三者のために利益を得る目的で、重要な行為または情報を利用することは禁止される」と規定した。同条は、独立監査人、証券の評価人、弁護士などの会社と信認関係にある専門家についても、会社の重要情報を利用して証券取引を行うことを禁止している。

3.　規制の枠組み

　現在のブラジルにおけるインサイダー取引規制は、株式会社法（主に第153条～160条：会社の管理役員の義務および責任）、証券取引委員会法第4条～12条および第27-D条および証券取引委員会指令によって規制されている。インサイダー取引規制の対象となるのは、①インサイダーが、②未公開の重要

---

84)　Carvalhosa, *supra*. note 82, at 293.

情報を取得し、そして③重要情報が公開される以前にそれを活用して株式等の売買を行う場合である[85]。

（1）インサイダーの範囲

2001年改正法により会社法第155条第4項は、「いかなる者であっても未公開の重要情報を知り得た者」とインサイダーの範囲を拡大したが、これをうけて、指令第358号（2002年）の第13条第1項は、インサイダー取引規制の対象となる内部者について、「重要な事実または情報を知り得た者であって、かつそれらの事実または情報が市場に公開されていないことを知っていた者」と規定し、さらに「特に、当該事実または情報にかかる会社と商業的もしくは専門的関係または信認関係にある者」と例示している。これらの例示から、具体的には弁護士、会計士、証券アナリストなどが含まれると解釈されており、他方で重要情報にかかる会社との専門職業的関係（nexo professional）を何ら有しない第三者が、偶然に重要情報を知るに至った場合には、当該第三者はインサイダーには該当しないとの解釈がなされている[86]。しかし、上記のような職業的関連性は要求されず、上記②から③の要件を満たす場合は、すべての者がインサイダー取引の規制対象になるとの解釈も有力であり、今後の議論・判例の動向が注目される。

（2）重要情報とは

1976年会社法第155条第1項は、「管理役員が、職務上知ることができ、まだ市場に知られていない情報で、流通証券の相場に相当程度に影響し得るもの」を規制対象としている。証券相場に相当程度影響を与える情報は、それが法的に開示を義務付けられているかどうかとは関わりなく、証券の市場での価格に相当程度影響を与える可能性が認められるすべての情報であるということができる[87]。

---

85)　*Id*. at 315.

86)　*Id*. at 294-295. Ezirik et al., *supra*. note 80, at 540.

87)　Eizirik et al., *supra* note 80, at 541.

　指令第 358 号第 2 条は、重要情報とは「すべての支配株主の決定、公開会社の株主総会または経営機関の決議、もしくはあらゆる業務上の事実で、それが証券市場における相場、投資家の判断または証券等保持者の権利に相当程度影響を与えるもの」と定義する。また、同条は「支配権の譲渡、非公開化、新設合併、吸収合併、会社分割、組織変更または会社の解散など」をはじめとして計 22 種類の重要情報を例示している。なお、重要情報の判断に際しては、当該指令に例示されていない場合であっても、それが証券市場に相当程度の影響を与えることになった場合は、その事実をもって重要情報であると判断される [88]。

（3）　重要情報の市場への開示

　会社法 157 条第 4 項は、公開会社の管理役員について、「総会または業務執行機関のすべての決議、会社の取引に関する重要な事実（fato relevante）のうち、会社発行の流通証券を売買する市場の投資家に相当な影響を及ぼすもの（que possa influir, de modo ponderável）を、直ちに証券取引所に通知し、印刷物によって開示しなければならない」と定めている。上記は、すべての重要事実の開示（full disclosure）を要求する規定であるが、「直ちに」（imediatamente）という文言は、適時開示（timely disclosure）の義務を定めたものであり、即時の開示義務が要求される [89]。また、証券取引委員会指令第 358 号（2002 年）第 3 条は、重要情報の公開についてその態様を規定しており、当該規定によれば、証券取引委員会および（会社が発行した流通証券の取引を認められた）証券取引所または店頭市場運営組織に通知することが求められる。

　また、「印刷物による開示」の意味は、会社法第 289 条に従って解釈されなければならない [90]。同条は、「この法律の命じる開示は、本店所在地の官報、

---

88)　証券取引委員会，"Processo Administrativo Sancionador" n. RJ 2002/1822, Rel. Dir. Norma Jonssen Parente, j. 06.05.2005.

89)　Carvalhosa, *supra*. note 82, at 343-344.

90)　*Id*. at 346.

またはそこで発行されている大部数の新聞によって行う」と規定している。

　管理役員は、上記の開示（会社法第157条第4項）によって、会社の正当な利益を害するおそれがある場合は、それを行わないことが認められている（会社法第157条第5項前段）。しかし、証券取引委員会は、管理役員または株主の請求により、もしくは証券取引委員会の判断によって、当該情報を開示すべきことを決定し、さらに開示を行わなかった管理役員の責任を追及する権限を有している（同第157条第5項後段）。

（4）　法的責任

　インサイダー取引規制に違反した場合の法的責任については、①管理役員の会社・第三者に対する民事上の損害賠償責任、②行政制裁および③刑事制裁に分類して検討する必要がある。なお、上記①は、管理役員の全般的な責任であり、必ずしもインサイダー取引の場合に限定されてない点に注意を要する。インサイダー取引規制は、未公開の重要情報を利用して「有価証券の取引」を行うものであることから、仮に未公開の重要情報を上記以外の目的に利用したとしてもインサイダー取引規制には該当せず、また重要情報を単に第三者に開示する行為自体も証券取引委員会法第27-D条が規定する刑事制裁の対象にはならないと解されている[91]。ただし、上記のような秘密情報漏洩行為は、会社法第155条の忠実義務に違反することは明らかであるので、当該管理役員は民事上の損害賠償責任を負う他、証券取引委員会によって行政制裁が科せられる可能性がある[92]。

　また、同条が規定する刑事制裁について、その法的性格に関して、侵害犯と位置付け不法な利益が実現した場合のみ既遂と考えるべきか、または抽象的危険犯として、不当な利益が実現していない場合であっても、取引を行った事実

---

91)　Eizirik et al., *supra*. note 80, at 544.

92)　*Id*. at 546.

をもって既遂とすべきかについては、学説上議論がある[93]。

（5） その他の予防的措置

会社法第 157 条本文は、インサイダー取引の予防的措置として位置付けられ、「公開会社の管理役員は、その就任にあたり、株式会社および従属会社もしくは同一グループの会社の株式、新株引受書、株式買取オプション、および株式転換可能社債で自己を名義人とするものの数を発表しなければならない」と規定している。

第 157 条第 6 項が、2001 年改正法によって追加された。同項は、「公開会社の業務執行者は、証券取引委員会が決定したところにしたがい、証券取引委員会および（会社の決定した流通証券が取引を認められた）証券取引所または組織された店頭市場団体に対して、会社における株式のポジションの変動を直ちに通報しなければならない」と規定する。

（6） 法律第 13506 号（2017 年）

本法2017 年 11 月 13 日付の本法は、同年の暫定措置令（Medida Provisória）第 784 号に基づく法令（2017 年 11 月 14 日施行）であり、同法によって証券取引委員会および中央銀行の権限が強化され、さらに違反者に対する罰則も強化された。また 2018 年 3 月の証券取引委員会年報には、新たな法令を制定し、腐敗防止法（Leis 12.846/2013：Anticorrupção）や競争保護法（12.529/201：CADE）にみられるような合意制度（"acordos administrativos em processo de supervisão"）の導入を検討中と記載されている[94]。

---

93) *Id.* at 547. Eizirik や Frederico de Lacerda da Costa Pinto は前者の立場を、また João Carlos Castellae は後者の考えを支持している。De Sanctis は、検察庁長官の職にあったが、前者の見解を支持していると思われる。

94) ブラジル証券取引委員会（CVM）2018 年 3 月公表の年報（2017 年度）34 頁。

（7）　規制の執行状況

　証券取引委員会の執行は強化傾向にあり、特に、行政制裁としての制裁金（multa）の額は 2009 年度以降飛躍的に増加している。

　2010 年 12 月に、証券取引委員会は Credit Suisse に対して 2,640 万レアル（約 11.35 億円）の制裁金の支払いを命じた。これは、エネルギー供給会社である Terna Participacões の支配権をミナスジェライス州電力会社 Companhia Energética Minas Gerais（CEMIG）に譲渡する案件に関してインサイダー情報を活用して Terna 株式の取引を行い高額の不正な利益を得た事件である [95]。上述の通り、証券取引委員会の活動が活発化するに従い、行政制裁金の支払い命令も増加し、2005 年度にはほぼ名目的金額であった行政制裁金額は、2010 年度には総額 5 億 7,500 万レアル（約 247 億円。但し当時の為替レートによる。以下同様）に達した [96]

　2011 年 2 月、サンパウロ連邦裁判所刑事部は、同国食品大手で世界有数の食肉類輸出業者である Sadia S.A. の元 CFO に 35 万レアル（約 1,500 万円）の罰金および 1 年 9 月の禁錮刑を、そして同社元経営審議会メンバーに 37 万レアル（約 1,590 万円）の罰金と 1 年 5 月の禁錮刑を、それぞれ宣告した。本件は、同社と Perdigão 社（食品大手）間の敵対的買収に関連して、上記経営幹部がインサイダー情報をもとに不正な利益を得た事件であるが、同国でインサイダー取引規制に関して初めて刑事制裁が適用された事例となった [97]。

Ⅳ.　官民パートナーシップ法

　民間資本は、公共サービスの提供のみならず、その質の向上に長期に亘り貢献してきた [98] が、1990 年代にイギリスで導入されはじめた官民パートナーシップ（Public-Private Partnership：PPP）は、官民が分担すべき役割を再

---

95)　（現地紙）Folha de São Paulo, 30 de novembro de 2010.

96)　Folha de São Paulo, 21 de dezembro de 2010.

97)　Folha de São Paul（18 de feverero de 2011）.

98)　Organisation for Economic Co-operation and Development（OECD）・平井文三（監

定義することにより新たな公共サービス提供の途を開拓した。公共サービスは
伝統的には公共部門によって提供されてきたが、サービス提供に必要な施設等
は、伝統的な公共入札により調達され、またサービス提供はコンセッションに
よるなどこの分野における民間資本の関与形態は多様である。また、民営化に
よって公共サービスの運営主体を公共部門から民間事業体に移管する手法も政
府の財政赤字解消に向けて積極的に採用されてきた手法であるが、PPP は政
府による伝統的な調達プロジェクトと完全な民営化との間隙を埋める公共サー
ビスの調達手法 [99] の一つと位置付けられる [100]。

　ブラジルにおける PPP 実施に向けた法制整備の取組みは、1995 年のコン
セッション法 [101] （以下「コンセッション法」という）の制定からはじまった。
コンセッションとは、広義にはある特定の地理的範囲や事業範囲において、事
業者が免許や契約によって独占的な営業権を与えられる形態の事業方式を意味
する。ブラジルでは、同法の施行以降、道路、港湾、鉄道、および空港につい
ての公共サービスがコンセッションにより民間事業体に移譲された。ただし、
同法に基づくコンセッション方式は、公共機関によるプロジェクトへの補助金
交付を認めていなかったことから、財政的に実施が困難なプロジェクトへのコ
ンセッション方式の展開を実現することができなかった。そこで、2004 年に

　　訳）『官民パートナーシップ PPP・PFI プロジェクトの成功と財政負担』（明石書店、
　　2014）13 頁。

99)　Nonie Malone, "The Evolution of Private Financing of Government Infrastructure
　　in Australia — 2005 and Beyond"（*Australian Economic Review*, Volume 38, Issue 4,
　　2008）at 420.

100)　Organisation for Economic Co-operation and Development（OECD）, *Public-
　　Private Partnerships: In Pursuit of Risk Sharing and Value for Money*（OECD, 2008）

101)　LEI 8.987/1995（LEI ORDINÁRIA）1995, Dispõe sobre o regime de concessão
　　e permissão da prestação de serviços públicos previsto no art. 175 da Constituição
　　Federal, e dá outras providências.（連邦憲法第 175 条に規定する公共サービスの提供に
　　係るコンセッションおよび許可に関する 1995 年の法律第 8987 号）。同法は公布日から
　　施行された。

英国の立法例などを参考にしながら官民パートナーシップ法[102]（以下「PPP
法」という）が制定され、この枠組みによって政府による補助金拠出も含めた
官民のリスク分担が可能となったことから、様々な公共サービス分野でPPP
を活用した取り組みが推進されている。なお、PPP法、コンセッション法お
よび行政契約法（法律第8666号）の相関関係については図6-2を参照された
い。

　全般的にインフラの未整備が深刻な社会問題として指摘されるラテンアメ
リカ地域においては、ブラジル以外でも、アルゼンチン[103]においては2001

＊関連法令を参考に執筆者が作成。

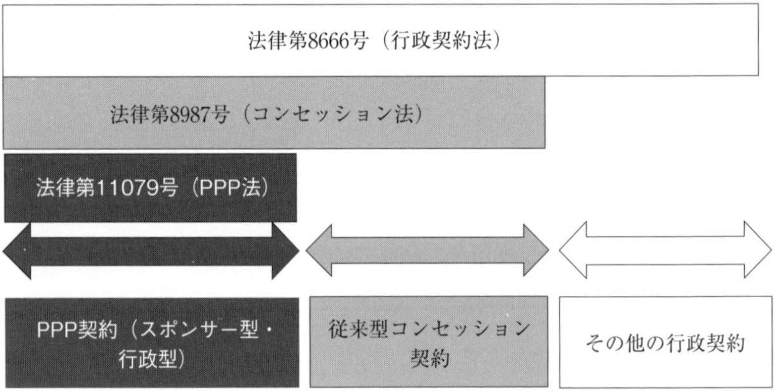

図 6-2　PPP 法とコンセッション法および行政契約法の関係図

---

102)　LEI No 11.079, DE 30 DE DEZEMBRO DE 2004. Institui normas gerais para
licitação e contratação de parceria público-privada no âmbito da administração
pública."（公共行政部門の官民パートナーシップによる入札および契約の一般規則を定
める 2004 年 12 月 30 日付法律第 11079 号）。本法は公布日（2004 年 12 月 31 日）から
施行された。

103)　Regimen para la Promoción de la participación Privada en el Desarrollo de
Infraestructura（Decree 676/2001）（インフラ整備への民間投資推進に関する 2001 年
の政令第 676 号）。

年に、またチリ[104]およびメキシコ[105]においても、それぞれ2010年および2012年にPPP法が成立するなど、今後PPPを活用した公共サービスの提供やインフラ整備が推進される見通しである[106]。

---

104) Ley 20.410 de 2010 - MODIFICA LA LEY DE CONCESIONES DE OBRAS PÚBLICAS Y OTRAS NORMAS（公共工事に関するコンセッション法を改正する2010年の法律第20410号）。

105) Ley de Asociaciones Público Privadas del 16 de enero de 2012 - reformado 14 julio 2014（2012年1月16日付官民パートナーシップ法。2014年7月14日改正）。

106) ラテンアメリカではチリとメキシコがPPPを先行して実施していた（北島 啓治「ブラジルにおける新たな公共事業実施方式 PPP」財団法人国際通貨研究所『国際金融トピックス』2005年5月16日 No.97）。

第 7 章
知的財産権法

Ⅰ. 概　　要

　ブラジルの 1988 年連邦憲法第 5 条は、「すべての者は、いかなる性質の差別もなく法の前に平等であり、国内に居住するブラジル人および外国人に対し、次の規定の下に生命、自由、平等、安全および財産権に関する権利の不可侵が保障される」と規定し、さらに「法律は、社会的利益並びに国の技術的および経済的発展を考慮して、工業発明者に対し、その使用の期限の定めのある特権、または工業的創造、商標の所有権、商号および他の標章に対する保護を保障する」(同条 29 項) と規定している。同国では産業財産権法 (Lei da Propriedade Industrial：1996 年 5 月 14 日付法令第 9279 号。2001 年 2 月 14 日付法律第 10196 号により一部改正) が知的財産権 (商標、特許、実用新案および意匠) の保護およびそれらの国家産業財産権院 (INPI - Instituto Nacional da Propriedade Industrial) における登録手続きを定めている。INPI は、法律第 5648 号に基づき 1970 年に設立された。さらに同法は、不正競争の禁止も規定するなど知的財産権保護に止まらず幅広い規制内容になっている点に注意が必要である。また、著作権については著作権法 (1998 年 2 月 19 日付法律第 9610 号) が規定している (2013 年 8 月 14 日法律第 12853 号により一部改正)。また同国は文学的及び美術的著作物の保護に関するベルヌ条約 (1886 年) にも署名している。なお、ブラジルは世界貿易機関 (WTO) の原加盟国であり、産業財産権法は知的所有権の貿易関連の側面に関する

表 7-1　ブラジルの知的財産権保護法制

種類	根拠法令	同制定 年月日	主管官庁 または登録先	権利の存続期間・特記事項
特許	産業財産権法 （法令第9279号） 第1編	1996.5.14	INPI	出願日から起算して、発明特許は 20 年間。 ただし、特許付与日から起算して、特許発明は 10 年未満で あってはならない（ブラジル産業財産法第 40 条）。 ブラジル特許規則（Ato Normativo 127/97）は特許申請手続 きを規定する規則である。
商標	同上（第3編）	同上	INPI	登録から 10 年（更新可能）。 商標規則（法律第 131 号 /1997（Acto Normativo INPI N° 131 de 23 de abril de 1997（Procedimientos para el Registro de Marcas）は商標の登録手続きを定める。 2019 年 7 月 2 日に同協定への加入書を世界知的所有権機関 （WIPO）に寄託した（発効は同年 10 月）。
実用新案	同上	2001 年 2 月 14 日 施行（最 新実用新 案法）	INPI	出願日から起算して、実用新案は 15 年間。 ただし、付与日から起算して実用新案は 7 年未満であっては ならない（ブラジル産業財産法第 40 条）。
意匠	同上（第2編）	1996.5.14	INPI	出願から 10 年 （5 年を単位として 3 回延長可能）
著作権	著作権法 （Lei de Direito Autoral：法律 第 9610 号）	1998.2.19	国立図書館 （リオデジャ ネイロ）	著作権は創作により発生し、任意で登録が可能（著作権法第 18 条、第 19 条）。著作権（財産権）は全部またはその一部を 譲渡することができるが、完全かつ最終的な譲渡は書面によ る譲渡契約を通じてのみ有効とされる（第 49 条第 2 号）。著 作権の保護期間は著作者の死後 70 年（第 41 条）。 ブラジル著作権法は著作権侵害に対する民事上の救済のみ を規定する。著作権侵害の刑事罰については刑法第 184 条が 定める。ECAD（Escritório Central para a Arrecadação e Distribuição: 中央徴収分配センター）は、いずれかのメディ アによる放映および放送を含む音楽、文学・音楽の著作物及 びレコードの公の演奏、並びに視聴覚著作物の展示に対する 著作物利用料の徴収・分配を行う。
植物品種	法律第 9.456 号	1997.4.25	植物品種保護 局（SNPC）	ブラジル国内で開発された新たな植物品種または植物の従属 品種の保護。保護期間は仮保護証明書の付与日からブドウの 木、果物、森林樹および観賞用樹木は 18 年、その他の植物 は 15 年（第 11 条）。
ソフトウェア	法律第 9609 号 （Lei do Softw- are）	1998.2.19	INPI への登録 は任意（登録 が無い場合で も保護される）	権利の有効期間は 50 年間（第 2 条 2 項）。コンピュータ・プ ログラム・プログラムの技術移転は INPI への登録が必要。
遺伝子組み 換え作物	法律第 11105 号 （バイオセキュ リティ法）	2005.3.24	国家バイオセ キュリティ審 議会（CNBS）	遺伝子組み換え作物に関する規制を定め、その執行機関とし て CNBS を創設する法律。本法により 1995 年法律第 8974 号 は廃止された。
集積回路 レイアウト	法律第 11484 号	2007.5.31	INPI	集積回路の回路配置は、INPI に登録することにより保護が 与えられる（第 30 条）。保護期間は出願日または最初の実施 日から起算して 10 年間（第 35 条）。

筆者作成

TRIPS 協定に合致する内容の法律である。

　また、ブラジルは工業所有権の保護に関する 1883 年 3 月 20 日のパリ条約および世界知的所有権機関による 1970 年 6 月 19 日の特許協力条約の加盟国でもある。商標の国際登録を簡素化するマドリッド協定（1989 年採択）について、ブラジル政府は、2019 年 7 月 2 日に同協定への加入書を世界知的所有権機関に寄託した [107]。

　ブラジルは、1990 年代以降の市場開放政策への転換に伴い、市場のグローバル化により一層重要性が増す知的財産権の保護法制について国際的調和を目指している。事実、1990 年代以降、同国の知的財産権関する法令は大幅な見直しの対象とされてきた。表 7-1 は同国の知財関連法制の概要をまとめた資料である。

Ⅱ．知的財産権に関するブラジルの司法制度

　INPI は、開発商工省傘下の連邦機関であり、産業財産権の登録及び保護に関し責任を有する機関である。ブラジル法の下で、発明及び実用新案に対する知的財産権は、INPI による特許の付与により取得され、また商標、意匠、原産地の地理的表示に対する知的財産権は、INPI への登録により権利が取得される。知的財産に係る訴訟については、知財庁の決定についての行政訴訟は連邦裁判所が、侵害案件は州裁判所が第一審となる。2011 年 6 月 30 日から知的財産及び不正競争防止を含めてビジネス法に関する係争について専門的に取り扱うために、サンパウロ州高等裁判所にビジネス法専門高等裁判所と呼ばれる特別な支部が設置された。サンパウロ州高等裁判所によると、2010 年に 2,509 件の知的財産権に関する控訴があったという。

107）　ブラジルは、同協定の 105 番目の加盟国となった。ブラジル INPI は 2019 年 10 月 2 日から、マドリッド協定の運用を開始し、ブラジル企業による他国での商標登録の簡素化とコスト削減を図っている。マドリッド協定では、商標の審査を 18 か月以内に完了することが求められる。

III. 商標権（marcas）

　商標登録件数は 2000 年代後半から急速に増加しており、居住者のみならず非居住者による登録件数の増加も著しい。商標規則および手続きについては、特許庁のウェブサイト「ブラジル商標規則」（http://www.jpo.go.jp/shiryou/s_sonota/fips/brazil/tr/chap1.htm：2019 年 11 月確認）や特許庁新興国等知財情報データバンク「ブラジル出願実務：ブラジルにおける商標出願制度（http://www.globalipdb.jpo.go.jp/application/3579/：2019 年 11 月 確 認 ）に詳しく解説されている。

　文字、図形、それらの混合、あるいは立体的なのものなど視覚的に認識できるものであって識別性を有するものは、法律で禁止されていないものに限り商標登録を受けることができる。また、著名な商標については、ブラジル知財庁（INPI）決議第 107/2013（2013 年 8 月 20 日付）に基づき、独自の手続により、著名商標としての認定を受けることが可能となった（2014 年 3 月施行 -2014

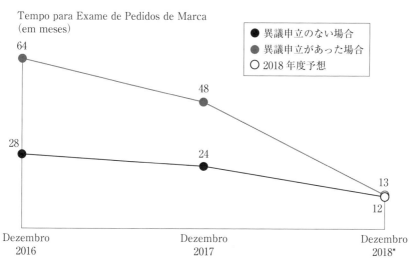

図 7-1　商標登録申請にかかる審査日数の推移（2016 年 12 月 -2018 年 12 月）（単位 : 月数）
出典 : Relatório de Atividades INPI de 2018（2019 年 11 月確認）

年2月7日付INPI命令第27号）。なお、ブラジルと協定を結んでいる国、あるいは国際機関において申請された商標申請に対しては、海外での申請から6カ月以内であればブラジルでの申請のための優先権が保証される。

　商標は、登録証明書の発効日から数えて10年間保護され、10年ごとに更新が可能である。また、商標登録の付与日から5年以内に登録商標の使用が開始されない場合および継続する5年間に登録商標を使用しない場合には、商標登録の取消が請求され得る。

Ⅳ. 特許権および実用新案権（patente e modelo de utilidade）

　図7-2は特許権の登録件数を年度別に示した資料である。登録された特許件数は、概ね増加傾向にある。なお、本邦の特許庁のウェブサイト（http://www.jpo.go.jp/indexj.htm）には、ブラジル産業財産法（2001年2月14日法律第10.196号により改正された1996年5月14日法律第9.279号）の和訳やブラジル商標規則（和訳）が掲載されている。また、日本貿易振興機構（JETRO）のウェブサイト「技術・工業および知的財産権供与に関わる制度」（http://www.jetro.go.jp/world/cs_america/br/invest_08/：2019年1月確認）に解説されている。

　特許については、新規性、発明活動や発明行為、工業への適用可能性等が登録に際して考慮される。実用新案については、実用物品またはその一部が工業への適用可能性を有し、その使用または製造における機能的改良をもたらす新規の形態または構造を有しかつ、進歩性を有していることが考慮される重要な要素である。特許および実用新案ともに、科学理論や数学の方式、情報の提供、医療技術・診断の方法、純粋に抽象的な概念、道徳に反するもの、コンピュータ・プログラム、微生物を除く動植物などに対しては権利が与えられない。また、公共の利害が関連する場合や国家的緊急時には、上記の権利は停止される可能性がある。

　発明特許は、出願日から数えて20年間有効である一方、実用新案は15年間有効である（出願日から起算）。ただし、権利の存続期間は付与日から数え

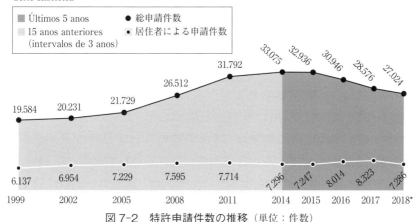

図 7-2　特許申請件数の推移（単位：件数）
出典：Relatório de Atividades de INPI 2018（2019 年 11 月確認）

て、発明特許は 10 年、実用新案は 7 年を下回らない期間となる。

V．意匠（desenho industrial）

　産業財産権法が制定される以前は、ブラジルにおける意匠は特許の一部として扱われていたが、同法によって特許とは独立した意匠登録制度が創設された。ブラジルにおいて意匠権は、所定の要件を具備し、INPI の規則に準拠して出願することによって直ちに登録され、公告もなされる。

　意匠の登録件数も増加傾向にある。わが国の特許庁のウェブサイト「ブラジル意匠規則」（http://www.jpo.go.jp/shiryou/s_sonota/fips/brazil/idr/chap1.htm：2019 年 11 月確認）は規則を詳細に解説している。

　意匠登録については、新規かつ、独創的な視覚的効果をもたらし、工業生産のためのひな型にすることができることが考慮される。純粋に芸術的な性質の作品は、意匠とはみなされず、また、対象物が通常または一般に備える必然的な形状または技術的もしくは機能的配慮によって本質的に決定される形状も意匠とは認められない。モラルや公序良俗に反するもの、他人の名誉やイメージ

を侵害するもの、信教の自由・信条・信仰・理念・尊厳・崇拝を害するものは登録することができない。

　意匠登録は、申請の日から数えて 10 年間有効であり、延長については 1 回 5 年で、最高 3 回まで延長することができる（最長で 25 年間）。

Ⅵ. 不正競争の規制

　ブラジルでは違法な競争は、産業財産権法およびブラジル競争法（No.12529/2011、2012 年 5 月 29 日施行）により規制されている。法律第 9270/96 号により規制される不正競争は、別の事業者に損害を与えることを目的とした事業者の行為をいう。経済秩序に対する侵害は社会における犯罪を指す。産業財産法は極めて包括的であり、不正競争を構成する多くの行為を定めている。法律第 9270 号第 195 条が例示する不正競争行為は表 7-2 の通りである。

　なお、営業秘密（segredos de negócio）は、工業秘密（segredos industríais）および商業秘密（segredos comerciais）の双方を意味する概念であるが、産業財産権法第 195 条本文は、不正競争のために営業秘密を漏洩または使用した者について 3 月以上 1 年以下の禁錮または罰金を科すと規定している。

表 7-2　不正競争を構成する行為例

①　競争上の利益を得るために競争者に関する虚偽の情報等を流布する行為。
②　競争上の利益のために、不正な手段を用いて競争者の顧客を獲得する行為。
③　製品または企業について混同を生じさせる目的をもって、他者の宣伝表現または標識を使用または模倣する行為。
④　他人の商号、会社名または社章を違法に使用する行為。
⑥　同意なく他人の製品の名称または商号を利用する行為。
⑦　他者の容器または包装を用いて、模倣品または粗悪品を販売等する行為。
⑧　特許出願中または特許が付与されていると偽って製品を販売等する行為やその他登録工業意匠等を不当表示する行為。

筆者作成（法律第 9270 号第 195 条を参照した）

VII.　著作権（direitos autorais）

　ブラジルにおいて現在効力を有する著作権法は 1998 年 2 月 19 日付法律第 9610 号であり、本法は旧法（1974 年 12 月 4 日付立法府命令第 75699 号：Decreto No 75.699, DE 6 DE MAIO DE 1975, Promulga a Convenção de Berna para a Proteção das Obras Literárias e Artísticas, de 9 de setembro de 1886, revista em Paris, a 24 de julho de 1971）の改正法である。著作権は創作により発生するが、任意で登録が可能である（著作権法第 18 条、第 19 条）。著作権（財産権）は全部またはその一部を譲渡することができるが、完全かつ最終的な譲渡は書面による譲渡契約を通じてのみ有効とされる（第 49 条第 2 号）。著作権の保護期間は著作者の死後 70 年（第 41 条）である。

　また現行著作権法の公布日に、コンピュータ・プログラムに関する知的財産権の保護および国内におけるコンピュータ・プログラムの販売を規制するプログラム保護法（法律第 9609 号：Lei Nº 9.609, de 19 de feverero de 1998, Dispõe sobre a proteção da propriedade intelectual de programa de computador, sua comercialização no País）も公布された。

VIII.　技術移転契約の登録

　1991 年 11 月 30 日付法律第 8383 号によって親子会社間（支配会社と従属会社間）の技術移転契約やその他の工業所有実施契約について、INPI およびブラジル中央銀行に登録された契約については最長で 5 年間（ただし 5 年間延長可能）ロイヤルティー送金が認められるようになった。さらに 1962 年 9 月 3 日付法律第 4131 号に基づき INPI には技術援助契約の登録も認められている。ロイヤルティー送金が認められるのは 1964 年 11 月 30 日付法律第 4506 号に従い発明、製造工程や方式、商標、著作権などの使用・利用から生じる各種利益である。これらの対象契約としては、①特許または商標権使用許諾契約、②技術情報取得契約および③フランチャイズ契約をあげることができる。この

うちフランチャイズ契約については 1994 年 12 月 15 日付法律第 8955 号（Lei
No 8.955, de 15 de dezembro de 1994, Dispõe sobre o contrato de franquia
empresarial（franchising））が各種の要件を定めているが、フランチャイザー
とフランチャイジー間の権利義務関係についてはブラジル民法によって規律さ
れる。

第 8 章

労 働 法

I. 概　　要

　ブラジル 1988 年憲法は、教育や保健などと並んで、労働を社会的権利と定め（第 6 条）、正当な理由のない解雇から保護される権利、失業保険を受ける権利、勤務年限保障基金からの支払いを受ける権利などをはじめとして 34 項目の権利を規定している（第 7 条）。これら憲法で保障された権利は、労働法集成（1943 年大統領令第 5452 号：Consolidação das Leis do Trabalho）（以下 "CLT" という）およびその他の労働規範（たとえば 1962 年の法律第 4090 号および 1965 年の法律第 4749 号（これらの法律はいわゆる 13 か月給与[108]の支払い義務を規定する）、1998 年の法律第 7783 号（ストライキの権利を規定する）、1990 年の法律第 8036 号（失業保険基金。Fundo de Garantia do Tempo de Serviço：FGTS）の雇用主による積み立て義務を規定する）[109]、1995 年の法律第 9029 号（雇用手続きおよび職場における差別を禁止する法

---

108)　クリスマスボーナスとも称される冬季ボーナス。月額給与と同様と金額が支給金額となり、11 月と 12 月の 2 回に分けて支給されなければならない。

109)　雇用主による積立金であって、従業員の帰責事由がない解雇の場合またはその他一定の法定事由に基づく解雇の場合に、当該従業員がこれを引き出すことができるとされている。これは、すべての従業員に適用されるものであって、雇用主は、「給与」の 8% を毎月積み立てなければならないとされている。ここでいう「給与」には、給与以外にも、様々な種類の報酬が含まれる。

律）などにより保護されていた。2017年11月には、法律第13467/2017号（lei nº 13.467 de 2017）[110] が施行され、CLT は74年ぶりに改正された[111]（以下において改正された CLT を新法、新 CLT または単に CLT と称し、改正前の CLT を旧法と称する）。

　労働法の法源は、憲法の関連規定、労働法集成のほか、労働協約、個別労働契約、内規や判例など多岐におよぶ。

　旧法は、1930年に大統領の座についたジェトゥリオ・ドルネレス・ヴァルガス大統領[112] の社会主義的な労働政策の下で、それまでに存在した労働規範を統合する形で成立した。旧法は極めて労働者保護の色彩が強く、企業の業績悪化や本人の能力不足を理由とする人員整理や減給は制約を受け、また賃金は毎年産業別労働組合が決めた上昇率を前年の賃金に適用して決定されるなど、経営者にとっては負担が大きいものであった。さらにブラジルでは労働訴訟が頻発しており、例えば法令に基づく解雇であっても、その理由の当否を争って労働者が訴訟に訴えるケースが多いと言われている。そうした経緯から、過剰とも言える労務コストは、在ブラジル企業の競争力を阻害する意味合いにおいて「ブラジル・コスト」[113] の主要因と考えられている。

---

110)　正式名称は、1943年5月1日付法規命令5452号、1974年1月3日付法律第6019号、1990年5月2日付法律8036号、および1991年7月24日付法律第8221号により承認された労働法集成について、新たな労使関係に適合させるための2017年7月13日付法律第13467号。

111)　2017年11月4日にテメル大統領の下で暫定措置令が発せられ、新 CLT の更なる改正が一時行われたが、当該暫定命令についてブラジル議会の承認が得られなかったために、同暫定命令は2018年4月23日に失効した。

112)　同大統領は、CLT により労働者の保護と規制による体制化を図ると共に、資源の国有化、有色移民の制限を規定した憲法によって、イタリアやドイツの全体主義に似た理念で自主外交の確立と統一国家の形成を目指した。

113)　ブラジルにおける、厳しい労働規制、雇用保障、名目成長率連動のスライド式最低賃金等の労働・雇用面での保護措置、高い物流コスト等に起因するインフレ体質やインフレ対策による高金利のための資本コスト高などのほか、電力・通信・輸送などの非効率なインフラ、不十分な教育や治安といった数々の要因によるブラジルの国内産業が負うコストのこと。

　主要な改正点の一つは、CLT と各種協約との優劣関係にかかわるもので、旧法の下では、CLT は、原則としてすべての団体労働協約（Convenção Coletiva de Trabalho：CCT）および労使協定（Acordo Coletivo de Trabalho：ACT）に優先するとされてきたところ、新法の下では、原則として ACT は CCT に優先し、CCT は CLT に優先することとされた[114]。

II．労使関係の成立と終了[115]

1．労働契約と雇用関係の成立

　ブラジルにおいて、雇用契約の条件は、原則としては事業者と労働者間の自由な話し合いによって締結されるが、憲法の関連規定、CLT、集団的協約[116]、その他労働裁判所の判例など様々な基準に合致した内容でなければならない[117]。ただし、高等教育を受けて一定の給与水準を享受する労働者については、雇用条件について雇用主と直接交渉が可能となった[118]。

---

114)　ACT によって CLT や CCT と異なった取決めが可能な項目は、憲法で定められた範囲内に限定される。たとえば、労働時間、有給休暇の取得方法、時間外勤務時間の振替制度、勤務時間内の休憩時間、職能・賃金プラン、職務規定、職場における労働者の代表者、在宅勤務、待機拘束、断続勤務などの取り扱い、生産性報奨制度、勤務時間の記録方法、祝祭日の振り替え、不衛生な職場の分類設定、契約解除など。憲法が保証する権利は制限することが認められない（たとえば、失業保険基金（FGTS）、最低賃金、夜間労働賃金手当、家族扶養手当、超過勤務手当、週次有給休日、有給休暇手当、母親および父親の出産・育児休暇、13 か月給与）。

115)　本章 II ～ IV については Rodrigo Seizo Takano, Andrea Giamondo Massei Rossi, and Murilo Caldeira Germiniani, *Labour and Employment Compliance in Brazil*［Sixth Edition］（International Labour and Employment Compliance Handbook）（Wolters Kluwer, 2019）を参照した。

116)　CLT 第 611-A 条に法令に優先して集団協約によって定められる事項が規定された。

117)　CLT 第 444 条。

118)　それ以外の労働者についての個別労働契約は、労働組合の同意を得て締結しなければならない。

　雇用者（法人または自然人）は、主要な労働条件と共に雇用・社会保障手帳
（Carteira de Trabalho e Previdência Socia ─ CTPS）に登録しなければな
らず、これには労働者の資格、雇用関連の資料、労災事故や労働保護に関する
事項が記載されなければならない。この登録を怠った場合は雇用者に制裁金が
課される[119]。ブラジルにおいて雇用契約は書面で締結されることが一般的で
あるが、仮に書面が存在しない場合[120]は、ブラジル労働法および集団的労働
協約にしたがうことになる。雇用主が労働者と合意した契約条件は、労働者の
合意無くして変更することができず、如何なる場合であっても、不利な労働条
件を労働者の不利なものに変更することは、仮に労働者の同意を得ても認めら
れず、またかかる不利益変更合意は、原則として無効と判断される[121]。

　CLT の下で雇用者とは、「経済活動の危険を負担し、人的労務の供給を受
け、給与を支払い、かつ指揮命令する者」（第 2 条。なお以下において条文
は法律第 13467 号により改正された新 CLT の条文を示す）であるが、2 つ
以上の企業が（たとえその法人格が異なる場合であっても）一つの経済集団
（grupo econômico）を形成している場合は、その雇用に基づく雇用者として
の責任は、経済集団の各企業による連帯責任となる（第 2 条第 2 項）。新 CLT
は企業集団の判断の基準を規定しているが、これらは過去における労働裁判所
の判断に基づくものであるが、社員（または株主）の重複という事実関係のみ
をもって、企業集団の形成は認められず、具体的に各企業が共同の利益を追求
している事実などが証明されなければならない（第 2 条第 3 項）。

　なお、労使関係に適用される法は、労働が提供される地における法であり、
労働契約が成立した地ではない[122]。

---

119)　CLT47 条は登録されていない労働者を雇用した者に対する制裁金を定めている。
　　2017 年の改正によって制裁金の額は、最低賃金額から R $3,000 に引き上げられた。

120)　ブラジル法の下で雇用契約の書面化は法的に義務付けられていないことから、書面
　　により労働契約が締結されていない場合であっても実質的な雇用関係は発生する。CLT
　　は、労働者とは、「雇用者に従属し賃金によって（sob a dependência deste e mediante
　　salário）労務を提供する自然人」（3 条本文）と規定している。

121)　CLT 第 468 条。

122)　労働判例要旨（súmulas）第 207 号。

2. 解 雇 規 制

ブラジルには定年制度がないことから、企業側から解雇を一方的に行わない限り、本人の意思による退職願いの提出を待つしかない。従業員の職務上の怠慢などを理由に解雇をすることは法令上認められているが、労働訴訟が提起された場合は、従業員の怠慢などを証明することは事実上困難と考えられている。

新法の下で、合意に基づく契約解除が認められることになった。旧法の下では社都合退職の場合に勤続期間保証基金（Fundo de Garantia do Tempo de Serviço：FGTS）の元本に加えて 40％の加算支払いが必要とされていて、また自己都合退職の場合は、FGTS の引き出しは認められないとされていた。新法によって、労使合意によれば、会社都合退職の場合における加算金は 20％とされ、自己都合退職（合意解約）の場合でも、80％相当までは引き出しが可能となった。

他方で、労働者の法律上または労働契約上の義務違反が存在する場合は、雇用者は雇用契約を解除することが可能である。そのような解除原因として、不正行為、職務怠慢、勤務時間中の飲酒、職務放棄などを挙げることができる。ただし、解雇理由の存否の認定について労使間で紛争が生じる場合が多い[123]。

III. 労働者の権利

1. 労働の場所・時間・休日等勤務・超過勤務

旧法の下には在宅勤務に関する規定は存在しなかったが、新法は、設備費用負担などの詳細内容について労働契約書に規定すれば、在宅勤務も法令上可能となった[124]。

---

123) 労働法上の一般原則は「疑わしきは労働者の利益に」とされる。
124) CLT 第 75 条。以前には判例を基礎として認められていた制度。

1日あたりの労働時間は8時間であり週の労働時間の上限は44時間となっている（また、1949年の法律第605号に基づき労働者は週一日（原則として日曜日）の休日が与えられなければならない）[125]。食事休憩は1日に6時間を超えて働く当同社の場合は最低1時間で最長2時間である[126]。また時間外勤務は1日あたり2時間を超過することはできない[127]。さらに日曜または祝日の労働は法律で禁止されているが、労働契約に規定があれば日曜または休日に勤務した場合に、他の平日に代休を与えることが可能である。そのような代休が与えられない場合には、日曜日または休日労働について、原則として通常の賃金の倍額が支払われる。

CLT第66条に基づき、労働者には2日間の勤務日の間に少なくとも11時間の休憩が与えられなければならない

超過勤務に対する報酬は通常時間勤務の報酬の50％増しとなる。また、日曜・休日勤務の場合は通常勤務の報酬の100％増しとなる。ただし管理職（cargo de confiança）にある者については、原則として時間外を支給する必要がない。なお、超過勤務手当の支払いに代えて就業時間の削減に充てることができる制度を banco de horas と称するが、旧法下ではこれを認めるためには労働協約による同意が必要であった（さらに超過勤務の残高は1年以内に充当する必要があり、これを超えた場合はさらに50％の加算支給が必要であった）。しかし、新法によって労使間の同意のみでこの振替が可能となった[128]。

深夜就業（夜10時から翌朝5時まで）については、52分30秒の勤務を1

---

125) CLT第59-Aは、連邦高等労働裁判所（TST）の判例要旨（Súmula nº 444）に基づき、12時間連続勤務（ただしその後の36時間連続の休息が条件）を認めている。また、一定の条件の下に断続的勤務も認めた（CLT第452-A条）。

126) CLT第71条は、上記の他に（i）4時間以上6時間未満勤務する労働者には15分間の食事休憩が認められるとしているが（ii）4時間以下の勤務条件となる労働者について食事休憩は認められない。食事休憩は勤務時間から除外されるので、食事休憩時間についての給与支払い義務はない。

127) CLT第59条

128) CLT第59条第5項。

時間勤務として計算し、最低でも 20%の割り増し賃金が設定されている[129]。

　なお旧法の下で、通勤・移動が困難な勤務地で、かつ雇用主が従業員に送迎手段を提供している場合は、自宅から勤務地までの移動時間は給与支給対象の労働時間とみなされていた。しかし、新法によって雇用主による送迎などの交通手段が提供・指定されていたとしても、勤務先までの通勤・移動時間は、労働時間には含めないこととされた[130]。

2. 賃　　金

　労働者の賃金は、契約で合意された給与にとどまらず、雇用者が支払う手数料、歩合、合意された賞与、出張日当や特別手当が含まれる（457 条）また、食料、住居、衣服、その他現物支給により雇用者が契約に従い、または監修として労働者に支給するすべてのものは賃金に含まれるものとする。なお、労働者は法律で定める全国一律の最低賃金を受領する権利を有する。また、労使協約に基づく職種別の最低賃金が制定されている。

3. 休暇の権利

　12 か月毎の勤務について労働者は最大 30 暦日の有給休暇を取得することが認められ、月給の 3 分の 1 相当額のボーナスを休暇取得日の 2 日前までに受給する権利が生じる。その取得時期については、使用者の利益を考慮して認められることになっている。旧法の下では、原則としてこの法定休暇を一括取得することとされていたが、新法によって 3 回まで分割して取得することが可能となった[131]。この休暇の権利が権利発生から 12 か月以内に与えられない場合は、使用者は有給休暇期間について 2 倍の給与を支払わなければならない。

---

129)　CLT 第 73 条。
130)　CLT 第 58 条。
131)　CLT 第 134 条。

4. ブラジル人雇用義務

　従業員の3分の2はブラジル人で構成されなければならない[132]（CLT 第 352・359 条）。ただしブラジルに居住する外国人もブラジル人と同様に労働する権利を有している関係で、上記 CLT の規定は無効であるとの論争があるようである。

5. 労働契約の解除

　労働契約の解除については、旧法の下で労働組合または労働相の許可が必要とされていたが、CLT 第 477 条第 1 項により、それらは不要とされた。また、労働者との合意による雇用契約の解除について、旧法の下では認められなかったが、CLT 第 484-A 条は、一定の条件の下で認めるに至った。

　いわゆるセクシャルハラスメントおよび会社都合による解雇による精神的苦痛に対して賠償請求が認められる。また、使用者またはその代理人が労働者またはその家族に対して名誉を毀損した場合[133]にも、労働者は契約を解除されたものとみなし補償の請求が認められる。近年、使用者の暴言などによる名誉毀損のクレームが増加していると言われている[134]。

6. 労働者の利益参加権

　2000 年 12 月 19 日付法律第 10101 号[135]によって労働者の企業の利益に対する参加権が認められた。利益配分の具体的方法は労使双方が話し合い決定す

---

132)　CLT 第 354 条。ブラジル人労働者の人数比率のみならず、全体の給与比率においても 3 分の 2 以上でなければならない。

133)　CLT 第 483 条本文 e 号は、本人またはその家族についての名誉および評判に対する侵害行為（ato lesivo da honra e boa fama）を雇用契約の解除事由と見做す。

134)　CLT 第 223-A 条は、慰謝料や精神的苦痛の補償などの非財産的補償（reparação de danos de natureza extrapatrimonial）を認めている。

135)　2013 年の法律第 12837 号、2019 年の暫定命令第 905 号などによって、その後改正が重ねられている。

ることになる。当該利益参加の名目での支出については、給与に付帯する負担金納入義務は生じないばかりか、休暇や 13 か月給与の計算対象にはならない。一般的には利益参加を 3 回以上認めた場合は既得権と認定されるという問題があったが、本法令に基づいた支払いであることを明示すれば、先の問題は回避が可能である。なお、CLT 第 611-A 条の下で、組合との団体交渉によって上記参加権について、法令で定められた条件と異なる合意をなすことが可能となった。

7. 女性および年少労働者の保護

　CLT は女性労働者に対して様々な保護規定を有している（第Ⅲ編 労働者保護の特別規定の第Ⅲ章女性労働者の保護：第 372 条以下）。また妊婦に対しての保護規定（同章第Ⅴ節 母性保護：第 391 以下）が適用される。また CLT の下で年少労働者とは 14 〜 18 歳までの労働者を意味する（402 条）。年少労働者には夜間労働（22 時〜翌朝 5 時の労働）が禁止される（第 404 条）ほか、危険または不衛生な職場での労働が禁止される（第 405 条）など様々な保護規定が存在する。

8. 労働安全衛生

　CLT 第 163 〜 165 条は労働環境の安全、衛生および医療に関する使用者の義務を規定している。社内安全委員会（Comissão Interna de Prevenção de Acidente do Trabalho）は、雇用者代表と被用者代表の両者により構成され、企業の安全対策について話し合いがなされる[136]。

---

136)　CLT 第 164 条。

9. 整理解雇・余剰人員の削減

CLT 第 10 条および第 448 条に基づき、株主の変動は既に存在する雇用主と労働者間の雇用関係に影響を及ぼすものではない。同第 448-A 条は、合併、株式譲渡および資産譲渡による経営権の移行の際に、経営権取得者が労働者の権利・権益の保護について責任を負うと規定した。なお、集団的人員整理については、個別の人員整理と同様に組合の承認は不要とされた[137]。また、集団的協約または集団契約に規定された、希望退職プログラム（Plano de Demissão Voluntária ou Incentivada）は、改正 CLT の下で法令上有効なプログラムであることが承認された[138]。

IV. 労使協定（Convenção Coletiva および Acordo Coletivo）

1988 年憲法の下で労働組合結成の自由が保障されている。ブラジルの労働組合は産業別に組織され、労働組合組織の活動範囲は、市町村、州、国のレベルに分かれている。現在、労働省に登録されている労働組合組織数は 1 万近くに達しているといわれるが、労働組合に組織化された労働者の数は、フォーマルセクター（雇用者と雇用契約を締結し労働手帳を有する労働者）およびインフォーマルセクター（フォーマルセクター以外の労働者で法律上の保護を享受できない労働者）を含めた全労働者数 9000 万人の 5%に満たない。

労働組合運動の構造はピラミッド型になっており、産業別連盟、労働組合総連盟（ナショナルセンター）が上部を構成する組織形態になっている。ブラジルには 12 のナショナルセンターが存在するが、そのうち労働省によって承認されている組織は、加盟人数の多い順に上位 5 団体のみである。

団体交渉を行う時期は業種によって異なっているが、団体交渉の結果合意が成立すると Acordo Coletivo が作成される（その効力は団体協約と同等であ

---

137)　CLT 第 477-A 条。
138)　CLT 第 477-B 条。

る）。団体労働協約（Convenção Coletiva）は、規範的性質の合意であって、これにより 2 または 3 以上の産業、職業の部門代表組合が労働の個人的関係に関して、適用されるべき労働条件を定める（611 条）。職業部門代表組合は、1 または 2 以上の対応する職種の企業と団体協定を締結することができる（第611 条 1 項）。

　なお、CLT に第 611-A 条が新設され、一定の項目 [139] については、法令の規定に集団的合意が優先することになった。

V．労　働　訴　訟

1．労働裁判所について

　1988 年憲法の下で労働裁判所は、TST（Tribunal Superior do Trabalho：高等労働裁判所）の下に地方労働裁判所が設置されている [140]。サンパウロ市の場合は、第二管轄裁判所があり、さらにこの下に第一審が持ち込まれる裁判所が多数存在する。ブラジルの労働裁判所は、日本の裁判所と様相が異なると言われている。労働裁判所への訴訟の提訴件数（新規）は年間 400 万件に近く、またほぼ同数の継続訴訟案件数を抱えていることから、裁判所の処理能力に限界があり、十分な案件処理が期待できない状況にある（図 8-1 参照）。因みに日本の年間の労働訴訟件数は約 2,500 件でアメリカでも 75,000 件程度であるという。

　なお、旧 CLT の下で労使間の紛争を仲裁で解決することは認められていなかったが、改正法の下で、一定の給与水準にある従業員について、その同意を

---

139)　一定の項目とは、(i) 労働時間に関する事項、(ii) "banco de horas" に関する事項、(iii) 休憩時間に関する事項、(iv) 2015 年 11 月 9 日付法律第 13189 号に基づく雇用保護プログラムへ（Programa de Proteção ao Emprego）への加入に関する事項、その他(v) 労働者の利益参加に関する事項など多岐に及ぶ。

140)　本編第 1 章 II 3 参照。

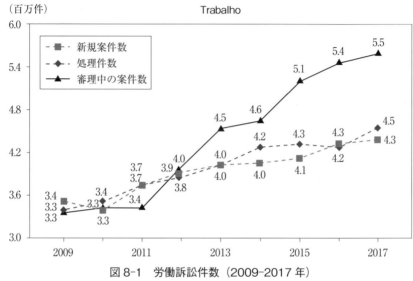

図 8-1　労働訴訟件数（2009-2017 年）

出典：ブラジル国家司法審議会（Conselho Nacional de Justiça：CNJ）が公表している
Justiça em Numeros（2018 ）at 75（2019 年 11 月確認）

　もって仲裁合意を明記することにより、仲裁による紛争解決を認めた [141]。さ
らに、労働紛争について法廷外の和解を有効な紛争解決と認めていなかった
が、改正法によって法廷外の和解を労働裁判所が承認することによって、法的
にも有効な和解として認められることになった [142]。また、改正法は、悪意（de
má-fé）により訴訟する原告、被告または関係者は、損害賠償の責を負うと規
定した [143]。

　ブラジルの労働訴訟は、第一審の判決に対して第二審への控訴が可能であ
り、それぞれの法廷において審理が行われる。原則として第二審で判決が確定
すると判決の執行が可能となる。さらに連邦法違反事例については、TST で審
理され、さらに憲法違反問題が関係している場合は最高裁に上告が可能である

141）　CLT 第 507-A 条。

142）　CLT 第 652 条および第 855 条。

143）　CLT 第 793-A 条。

（ただし案件数は限られている）。審理に要する期間は、案件の性格にもよるが、サンパウロにおいては第一審の結審までに2～3年で、第二審の結審までにはさらに1年ほどの期間を要すると言われている。

2. 社内事前調停委員会（Comissões de Conciliação Prévia）

2000年1月12日付9958号（LEI No 9.958, DE 12 DE JANEIRO DE 2000）により労働法集成が改正され、小額の労働クレームについて解決を図るための社内事前調停委員会（Comissão de Conciliação Prévia）の制度が設けられた。これは、労働者が裁判所に提訴する前に、労働者代表と雇用者代表で構成される委員会で事前に調停を行うものである。調停が成立した場合には、合意された内容について判決と同じ拘束力（título executivo extrajudicial）が認められる。ただし、現在でもこの制度を活用する企業や組合は限定的である。

【第Ⅰ編の参考文献】

阿部博友・小林成光・高田寛・高橋均・平野温郎編著『世界の法律情報 ── グローバル・リーガル・リサーチ』（文真堂、2016年）

阿部博友「ブラジル企業法制の基礎（第1回～第5回）国際商事法務、第40巻1号（2012年）54-62頁、第40巻3号（2012年）、423-430頁、第40巻4号（2012年）、590-596頁、第40巻9号（2012年）、1409-1419頁、第41巻6号（2013年）、877-885頁

阿部博友「ブラジル企業法の現代的展開」、国際商取引学会年報、第15号（2013年）、81-92頁

阿部博友「ブラジル腐敗行為防止法の概要」国際商事法務、第42巻7号（2014年）1086-1089頁

ヒサオ・アリタ、二宮正人『ブラジル知的財産法概説』（信山社、2015年）

佐藤美由紀『ブラジルにおける違憲審査制の展開』（東京大学出版会、2006年）

鈴木信男訳『改正ブラジル株式会社法』（サンパウロ、Tihiro Comunicações Ltda. 2010年）

鈴木信男訳『ブラジル新民法 第Ⅱ巻 ── 企業法』（サンパウロ、Tihiro Comunicações Ltda.）

鈴木信男訳『改訂ブラジル統一労働法 第3版』（サンパウロ、2010年）

中川和彦『ラテンアメリカ法の基盤』（千倉書店、2000）

外川奈美『ブラジル商標制度』（社団法人発明協会、2011年）

二宮正人・矢谷通朗『ブラジル法要説— 法令・判例へのアプローチ（経済協力シリーズ 法律）』
（アジア経済研究所、1993 年）

二宮正人　ソリーズ・ブラジル投資関連法制（2）ブラジルにおける裁判制度について（上）
（下）JCA ジャーナル 2011 年 7 月（17-23 頁）同年 8 月（25-29 頁）

二宮正人　シリーズ・ブラジル投資関連法制（3）ブラジルの知的財産法について（上・下）
JCA ジャーナル 2011 年 9 月（18-22 頁）同 年 10 月（18-23 頁）

二宮正人　シリーズ・ブラジル投資関連法制（4）ブラジル労働法について JCA ジャーナル
2011 年 12 月（2-10 頁）

矢谷通朗　編訳『ブラジル連邦共和国憲法：1988 年』（アジア経済研究所、1991 年）。

阿部博友・子安昭子・近田亮平・桜井敏浩・佐藤美由起・二宮康史・浜口伸明・丸山浩明・山
崎圭一編著『新版 現代ブラジル事典』（新評社、2016 年）

Marco **Botta**, Merger Control Regimes in Emerging Economies: *A Case Study on Brazil
and Argentina* (*International Competition Law*), Kluwer Law Intl (2011/1/31)

Fabiano **Deffenti**, Welber Oliveira Barral (Editors), *Introduction to Brazilian Law*
(Kluwer Law International, 2011)

Jose Inacio **Gonzaga Franceschini** and Eduardo Molan Gaban, *Competition Law in Brazil*
(2nd Edition), Kluwer Law Intl (2014/3/20)

Vitor Frederico **Kümpel**, Introdução ao ESTUDO DO DIREITO-Lei de Introdução ao
Código Civil e Hermenêutica Jurídica- (Editora Método, 2009)

Keith **Rosenn**, *O Jeito na Cultura Jurídica Brasileira* (Rio de Janeiro: Renovar, 1998)

Rodrigo Seizo **Takano**, Andrea Giamondo Massei Rossi , and Murilo Caldeira Germiniani,
Labour and Employment Compliance in Brazil (International Labour and Employment
Compliance Handbook) 6th Edition (Kluwer Law International, 2019)

Matthew M. **Taylor**, *Judging Policy Reform in Democratic Brazil* (Stanford Univ. Press,
2008)

第Ⅱ編

ブラジル経済法の論点

序　論
経済秩序の形成と法

　ブラジルにおいて奴隷制が廃止された翌年の 1889 年 11 月に帝政が倒され共和政が成立する。この旧共和政の成立、つまり帝政打倒の主導的役割を演じたのは軍人層であった。その 2 年後の 1891 年には、ブラジル共和国憲法が公布されたが、反君主制を主導した軍隊の指導者の多くはフランス人哲学者オーギュスト・コントの実証主義の信奉者であったという（金七紀男『ブラジル史』（東洋書店、2009 年）134 頁）。当時は、科学万能論と進歩の世紀で、実証主義は進歩と秩序を社会の基本的な概念としていた。事実、ブラジルでは奴隷制の生産関係から、資本主義的な生産関係への脱却の時期にさしかかっており、資本主義発展のための秩序を、軍人層が主導して構築し、経済発展を実現することが意図されていた。

　なお、この旧共和政の成立に先立つ 1827 年には、オリンダとサンパウロに法律学校が開設されるが、ここで支配的な影響力を及ぼしたのもオーギュスト・コントらの実証主義哲学であった（Caloso Campilongo, History and Sources of Brazilian Law, in Fabiano Deffenti and Welber Barral, *Introduction to Brazilian Law*（Wolters Kluwer, 2011）at 7）。

　ブラジルの国旗は、当時のデオドロ・ダ・フォンセカ大統領が、新政府の財務大臣であったルイ・バルボーザによる国旗案を排し、代わりにブラジル実証主義使徒の会長ハイムンド・テイシェイラ・メンデス等が、コントの主要な著書である『実証政治学大系』の扉の言葉から「秩序と進歩」（ordem e progresso）を織り込んだ意匠を発案し、それが採用されるに至ったものである（金七、前掲 142-143 頁）。当時のブラジルの指導者たちが、何故実証主義

者であったのか。その理由は明確ではない（ボリス・ファウスト（鈴木茂訳）
『ブラジル史』（明石書店、2008 年 208 頁）が、300 年近く旧宗主国のポルト
ガルの植民地支配の下で収奪が続き、文化や教育の振興がないがしろにされて
きたブラジルの社会・経済発展のためには、秩序と進歩を基調とする実証主義
的政策の下で改革を推進することが、時代の要請に適合すると考えられたので
はないだろうか。

　社会において経済活動が行われる際には社会秩序に埋め込まれた経済秩序
（ordem econômica）が必要となる。ブラジル経済法の基礎概念としての経済
秩序は、ブラジルの 1934 年憲法にはじめて登場し、1938 年には法規政令第
869 号（38 年公共経済統制法）に引き継がれ、そして 1945 年法規政令第 7666
号（45 年経済秩序維持法）および 1951 年法律第 1521 号（51 年公共経済犯罪
法）に進化し、1962 年には「経済力の濫用の抑制を規律する法律」第 4137 号
の成立を経て、1990 年代以降の近代的競争法の体系に結実する。

　経済秩序を乱すものは権力の濫用（abuso）であり、権利濫用（abuso do
direito）、権力濫用（abuso de poder）または経済力濫用（abuso do poder
econômico）など様々な濫用規制が必要となる。1976 年 12 月 15 日に成立し
た法律第 6404 号（株式会社法）は権力の抑制という観点で重要な役割を担っ
ていた。特に支配株主の権利濫用（abuso do poder）規定は、ブラジル株式
会社法における特徴的な規定である。1976 年法第 116 条および 117 条は、企
業の「社会的責任」（responsabilidade social）に則り、支配株主の責任・権
利濫用に関して規定した。この支配株主の権利濫用禁止の法理は現在でもなお
承継されている基本理念である。ここで、支配株主とは、株式会社法の制定当
時は、主として外国資本を想定していたと思われることから、外資による経済
力濫用を抑止することに主たる狙いであったのであろう。その後の産業構造の
変化で、今日では自由競争の保護そのものがブラジル経済法の主たる課題であ
り、その意味において、2011 年競争法は、競争秩序をブラジル競争保護体制
の名のもとに確立したが、経済格差や貧困といった社会問題は、腐敗防止に向
けた法秩序の確立をより切実に必要としている。

　ブラジルにおける経済法（direito econômico）の発展について、Washington

Pelusoalbino de Sousa 教授（ミナス・ジェライス連邦大学教授 — 当時 —）は「サンパウロにおける第 1 回経済法セミナー（1975 年 5 月 23 日開催）」における講演において、経済力の主体が国家のみならず経済単位にまで拡大している現状に鑑み、経済法研究の範囲は、企業法や労働法を含む広い範囲に及ぶと述べている（Conceito e Objeto do Direito Econômico, *Revista da Faculdade de Direito*, 1975）。本書においても経済活動の規律に関わる点において重要となる株式会社法や商事紛争解決手続法を含め、経済法の範囲を広く捉えている。

　本編においては、第 1 章において、ブラジル会社法の特質について、特に支配株主の責任規定を中心として、支配株主による権力濫用規定に焦点を当てて検討を行い、第 2 章では、経済力の濫用を抑制し、ブラジルにおける競争保護体制（Sistema Brasileiro de Defesa da Concorrência）を構築する競争法、そして第 3 章では権力の濫用を抑制し、腐敗を禁止し、公正かつ健全な経済活動を実現するための法人処罰法について検討する。

　最後に、本編第 4 章では国際商事仲裁にかかわる法制度について論じた。仲裁法は、厳密には経済法の範疇から外れる可能性を否定できないが、経済活動に伴う当事者間の紛争を如何に解決するかは重要な法的課題である。1996 年仲裁法とその発展は、ブラジルとわが国との経済活動にとっても重要な課題であることから、第 II 編の最終章として組み込むこととした。

第 1 章

ブラジル株式会社法の概要と特質 [1]

Ⅰ. は じ め に

　ブラジルは、1822 年に帝政下で独立したが、それに先立つ 1808 年には Banco do Brasil が設立され、同会社が公式記録に残るブラジルの最初の株式会社といわれている。しかし、実際にはそれ以前にも株式組織の会社が存在していたようである [2]。法制面では、商法典が 1850 年に法律第 556 号として公布され、同法第 295 条から 299 条には株式会社に関する規定が置かれていた [3] が、株式会社に関する法制としては、現在までに 3 段階の発展を経ており、1891 年の政令第 434 号、1940 年の法規政令第 2627 号および 1976 年の法律第 6404 号が、各々の時代の社会的要請に呼応する形で会社に関する規律を定めている [4]。本章では、ステークホルダー論を基盤として成立した 1976 年法について解説する。同法は、現在までに数次の改正を経ているが、現在でも効力を有する法

---

1)　本章は、拙著「ブラジル株式会社法における支配株主の法的責任：多国籍企業の事業運営に関する株主としての責任」（筑波大学博士（法学）学位論文・2014 年）に修正を加え要約したもの。

2)　Wilson Alberto Zappa Hoog, *Lei Das Sociedades Anônimas* (Curitiba: Juruá Editora, 2009) at 27.

3)　*Ibid.*.

4)　José Edwaldo Tavares Borba, *DIREITO SOCIETÁRIO* (12a Edição, São Paulo: RENVAR, 2010), at 153.

律である。以下、Ⅱにおいて 1976 年株式会社法制定時の歴史的背景と株主権に関する規定の変遷を概観し、Ⅲにおいては 1976 年株式会社法の意図と基本理念について触れることとし、最後にⅣにおいては支配株主の権利濫用規定等を判例をあわせ検討する。

Ⅱ．1976 年会社法制定の歴史的背景

1．ブラジルの初期会社法

　1850 年に制定されたブラジル商法典の第Ⅰ編第 15 章には「株式会社および会社について」という見出しが付されており、その第 295 条ないし 299 条は株式会社について規定していた。この商法典はラテンアメリカ諸国で制定された、実質的に最初の商法典であった。その後、株式会社に関する立法および規則を統合する 1891 年 7 月 4 日付命令第 434 号が制定され、約 50 年間にわたり株式会社に関する基本法としての役割を果たした。また、1919 年 1 月 10 日には有限責任持分会社の設立を規律する命令第 3708 号が制定された。同法は、わずか 10 条の簡潔な法律であったが、ラテンアメリカにおける有限責任会社に関する初めての立法であった[5]。

2．1940 年株式会社法の制定

　第一次大戦後、ブラジルの工業化は、世界でも注目すべき規模で進められた。自国産業の保護・育成のため、ブラジル政府は、輸入工業製品代替政策をとり、国内産業の保護を図った。かかる状況のもと、近代的株式会社法の制定を企図して法案作成作業が開始された。

　1939 年に作成された株式会社法案は、1940 年 9 月 26 日に法規政令第 2627

---

5)　中川和彦「ブラジルの経済発展と企業組織法の生成・発展」（矢谷通朗、カズオ・ワタナベ、二宮正人編『ブラジル開発法の諸相』）（アジア経済研究所、1994 年）125-152 頁。

号として公布された。1940年株式会社法は、1891年の命令第434号にとって
代わり、1950年に始まるブラジルの工業化の流れの中で株式会社を規制する
法律として重要な役割を果たした。小規模な閉鎖会社を想定した1940年法は、
1976年に新株式会社法が制定されるまでの36年間効力を有した法令であった。

3. 第二次大戦後の状況

　第二次世界大戦後、ブラジル経済はさらに飛躍的発展を遂げる。1956年か
ら1960年まで大統領を務めたクビチェック大統領は、インフラ・エネルギー
部門および基礎産業に重点をおいた資本財工業の基礎を築くとともに、ブラジ
リアに首都建設を開始するなど強力な工業化を推進した。工業化の進展に伴
い、サンパウロ、リオデジャネイロ等の工業地帯を支配する実業家は徐々に経
済力を蓄えると共に政治的発言力を強める。他方、これら大都市に集中する労
働者階級の政治意識も急速に高まることになる。ブラジルの政治・経済におい
ては、かかる新興資本家や労働者階級の発言力を無視できなくなり、それらの
意向にそってブラジルの法秩序の近代化を図ることが重要な課題となった。
　1961年8月には左翼的なグラール大統領が就任、労働階級に利益を与える
放漫な経済政策をとったためにインフレが悪化し、1964年3月末には軍事革
命が勃発し、カステロ・ブランコ将軍が、革命政府の大統領に就任した。そし
て、緊縮財政を断行すると共に、輸出の促進と国際収支の改善に尽力して対外
信用を回復し、外資導入の増加をもたらした。その後も経済成長を重視する
経済政策を維持した結果、1968年から1971年までに高度な経済成長を達成し
た。かかる高度成長は、大量の外貨流入をもたらしたが、外貨の大部分は直接
投資ではなく融資であったため、著しく対外債務を増加させた。1964年から
1985年にかけては軍政がしかれたが、この時期は軍政令をもって多くの強力
な経済政策が打ち出された時期である。1968年頃に至ってようやくブラジル
経済は安定しはじめ、外国からのブラジル向け投資もようやく再開されること
になる。こうした状況の下で、1965年には資本市場法が、そして1976年には
株式会社法が成立した。

4.　1965 年資本市場法の制定

1964 年の銀行法改正によりブラジル中央銀行が創設された。同行の決定第 39 条に基づき資本市場の近代化が図られ、1965 年 7 月 13 日付法律第 4728 号（資本市場法）が制定された。同法によって、1940 年会社法が一部改正されて、授権資本株式会社が認められるようになった。さらに、中央銀行 1968 年 12 月 11 日付決定第 106 号により公開資本株式会社が認められ、これに関連して税法上の特典も与えられた。ブラジルにおいては株式所有が一部のものに集中していたが、同法をもって民衆の資金を資本市場に導くことが意図されたのである。

5.　1976 年会社法の制定

1970 年にサンパウロ工業連盟（FIESP）とサンパウロ大学法学部は共同で株式会社法の改正を提案した。これを受けて、1971 年にはガイゼル大統領の提唱でブラジル政府は会社法の大改正の作業に着手し、1974 年には改正会社法案趣意書を公表した。これによると改正の主目的として公開された株式市場に対応可能な会社モデルを形成すること、大規模な公開会社法制を整備すること等に加えて、欧州大陸法の伝統を承継するブラジル会社法と英米法との融合を図ることおよび国際市場において、ブラジル企業家が外国企業家と交渉を行うに際しての法的な支えとなるべき法制の近代化を図ること等が株式会社法の改正の目的とされていた。

1976 年 12 月 15 日に法律第 6404 号として新株式会社法が成立した。1976 年会社法は、1940 年法の枠組みを基本的に維持しているが、各所に独創的な規定が見いだされる。なかでも支配株主の権利濫用規定は諸外国でも現在では例のない特徴的な規定である。1940 年法のもとでは、支配株主の権利濫用に関する規定は存在せず、取締役の責任について 1940 年法第 116 条第 7 項は、「取締役はその職務遂行に際し会社の利益のみならず公共の利益に従わなければならない」と規定していた。1976 年法第 116 条および第 117 条（以下特段

のことわりが無い限り参照条文は 1976 年株式会社法の条文を指す）は、支配株主の責任・権利濫用に関する規定を新設し、社会的影響力を行使し得る支配株主の責任と義務を明確に規定した。

　社会的実態としての株式所有の一部の株主への高い集中率を背景に、支配株主の権利行使について規制を行う必要性は、1976 年会社法制定に際して大きな関心事であり、議決権の濫用禁止規定（第 115 条）や支配権濫用の禁止規定（第 116 条）[6] の存在はそれを裏付けるものである。わが国会社法には支配株主の権利濫用に関する規定は存在せず、また株主の議決権行使に関しても、原則として各株主の自由意思に委ねられている。議決権行使に関する濫用という概念や「会社の利益を考慮して議決権を行使」する義務（第 115 条本文）や、「国家の利益を損なう目的」で、または「少数株主または国家経済の損失により会社を利すべく」会社を導く行為が支配株主の権力濫用になるという規定は、ブラジル会社法に特徴的な規定である[7]。さらに、支配株主は、「他の会社株主、従業員、会社が活動する地域社会に対して責任と義務を負担し、これらを忠実に尊重し、配慮しなければならない」（第 116 条単項）と規定し、会社はこれらの利害を調和すべきとするステークホルダー論に立脚している[8]。1976 年会社法制定当時のブラジルの経済環境を勘案すれば、支配株主の権利濫用を規制する背景は理解できる。しかし、会社法制度として国家利益保護を優先指針と定めることは、国家が会社経営の外部からの統制を行うことを意味し、またそれは本来自由な経済活動を保障するはずの会社法制の根幹を破壊する原因になりかねな

---

6)　株式会社法案制定趣意書には、「支配権の行使は、会社の目的を実現するため、かつその社会的機能（sua função social）を果たすために実行された場合は適法である。したがって、会社に関係する人々の権利と利益を誠実に保護しなければならない」と記載されているが、その社会的機能の意味については、現在に至るまであまり議論されていない（Marcelo S. Barbosa, Contorole societário: a relevância do conceito legal, em Instituto Brasileiro de Governança Corporativa（IBGC）, *GOVERNANÇA CORPORATIVA*（São Paulo: Saint Paul, 2009）, at 21-22).

7)　これらの規定は第一次大戦後のドイツで展開された企業自体の理論の影響を受けている。Modesto Carvalhosa, Comentários à Lei de Sociedade Anônimas（3a volume）,（São Paulo: Editora Saraiva）, at 484-486.

8)　Borba, *supra* note 4, at 153.

い危険をはらんでいるとの問題指摘もある[9]。これらの株主権の濫用禁止規定は、現在においても効力を有する実定規範であり、権利を侵害された当事者は、個人として会社や支配株主等責任当事者に対して権利請求が可能である[10] 他、資本市場における投資家の権利が妨げられた場合は、民事公訴権（ação civil pública）に基づき権利の実現が可能となっている。なお、上記規定の詳細と運用状況についてはⅣ（実定規範の検討）において解説する。

6.　株主権に関する規定の変遷

1976年会社法は、少数株主の権利保護をその基本原則の一つとしている。これは、同法の目的の一つである資本市場の育成・強化に不可欠な要素であった。株主権の中でも重要な、株主の会社からの退出権（direito de recesso）と支配権の譲渡に伴う買取請求権（direito de "tag along"）を中心に、1976年会社法の規定がどのような変遷をたどったのであろうか。

軍政下のブラジルでは、経済発展が緊急課題であったが、国家主導の開発政策により、国営企業主導の産業構造となっていた。特に経済インフラや基幹産業の多くは、国営または公営企業が大きな割合を占めていたが、公営企業の多くは経営効率が低く、それがハイパーインフレの原因になっていた。そこで、1990年代に入って民政のもとで経済政策の変更の必要性が認識される。ブラジルにおける民営化は、コロール政権で始動し、カルドーゾ政権のもとで本格的な進展がみられる。国家経済の改革（民営化）や金融機関の再建支援策などを円滑に遂行する上では、民間を中心とする少数株主の権利（特に買取請求権）の制約が必要と判断されたが、以下にその経緯を解説する。

（1）　株主の退出権（direito de recesso）

1989年の法律第7958号は、株主の退出権に大きな変更を加えた。退出権とは、株式会社における株主の自益権の１つで、一定の定款変更や、合併、会

---

9)　Carvalhosa, *supra* note 7（2a volume）, at 484.

10)　Borba, *supra* note 4, at 156.

社分割、事業譲渡などの決議が株主総会で行われた際に、この決議に反対する株主が、自己の保有する株式の公正な価格での買取を会社に請求することができる権利を意味する。株主総会での決議が多数決によって行われることとの関係において、少数派株主の権利保護のために認められている制度といえよう。この権利は、1976 年会社法の制定当時から明文で規定された株主の基本権であった[11]。同法第 137 条によれば、以下の場合は、反対株主に対して買取請求権の行使が認められていた。

① 優先株式の創設など

② 優先株式に付与された利益および条件の変更など

③ 義務的配当の変更

④ 株式会社の事業目的の変更

⑤ 株式会社の他の株式会社への吸収合併、新設合併または分割

⑥ 株式会社の解散、または清算状態の終了

⑦ 他の会社集団への参加

　1989 年の株式会社法改正によって、上記の⑤および⑥の権利は削減された。これは、公営企業の民営化の対応に不可欠であったといわれている。本改正は、法学者および判例上も大きな議論を引き起こしたが、1999 年の連邦高等裁判所の判決により収束をみた[12]。本判決は、1989 年改正法が会社法第 230 条[13]を排除する旨の規定をおいていないことを理由として、株主の株式買取請求権は同法によって排除されていないことを確認し、混乱に終止符を打った[14]。

---

11)　Carvalhosa, *supra* note 7（2a volume）, at 878-879.

12)　Recurso Especial n. 68.367-MG, 3a Turma deo Tribunal Superior de Justiça.

13)　会社法第 230 条本文は、「株式会社の他の会社への吸収合併、または新設合併もしくは分割を承認する決議に反対の株主は、その株式の価格の払い戻し（137 条）により株式会社から撤退する権利を有する」と規定する。なお、ブラジル会社法の和訳については、制定当時の条文について、中川和彦著『ブラジル会社法』（国際商事法研究所、1980 年）を、また現在の規定については、鈴木信男訳『改正ブラジル会社法』（São Paulo: Tihiro Comunicações Ltda, 2010 年）をそれぞれ参照した。

14)　Carvalhosa, *supra* note 7（2a volume）, at 883.

　また、1995 年の暫定命令第 1179 号（1998 年に法律第 9710 号として成立）は、金融再構築促進プログラム（PROER）を定めたものであるが、その第 3 条にはブラジル金融機関の少数株主は、金融機関が合併、併合、会社分割または他の会社集団に統合される際に、株式買取請求権を行使できないと定めていた。これは、上記の各場合において PROER に基づき金融機関の再編が円滑に進行するための措置である[15]。

　さらに 1997 年には、法律第 9457 号が公布された。本法は、国家国有化政策の推進を目的として制定された法であり、1989 年の法律第 7958 号を廃止しつつ、同時に会社の合併、分割、他の会社集団への統合（上記⑤および⑦）について株主の株式買取請求権を制限した。

　これらが見直されるのは、2001 年に至ってのことであり、同年の法律第 10303 号によって、株主の買取請求権を充実させて株主の権利保護が回復された。ブラジル公営企業の民営化も一定の目処がつき、ブラジル政府自体が一定の企業については少数株主としてとどまることになったことから、政府にとってまた少数株主一般にとっても買取請求権は重要な課題となったのである[16]。本法によって少数株主は、上記⑥の場合を除いて買取請求権を行使できることになった。

（2）tag along の権利

　既に述べたようにコロール政権で誕生した民営化政策を推進すべく 1997 年には法律第 9457 号が公布され株主の退出権が制限されたが、これと共に同法によって第 254 条および第 255 条第 1 項および第 2 項は削除された[17]。第 254 条は、公開株式会社の支配権の譲渡に際しては、同国証券取引委員会の事前の許可が必要であるとの規定であり（同条本文）、証券取引委員会は、株式の取

---

15)　*Ibid.*

16)　Carvalhosa, *supra* note 7（2a volume）, at 887.

17)　本法令は、民営化に向けた国家戦略（Plano Nacional de Desestatização）の推進を目的として制定された法であり、特にブラジル電信電話公社（Telebras）の分割とその民営化が政府の主眼であったといわれている。

得のための、同時の公開買付けにより、少数株主に対する平等な取扱いが保証
されるよう留意する義務を負担している（同条1項）。また、第255条第1項は、
「譲渡の認可権を有する官公庁は、その株式の取得のための同時の公開買付け
を介して、少数株主への平等な取扱いが保証されるよう留意しなければならな
い」と規定し、同条第2項は、「買主が株式会社の吸収合併、もしくは新設合
併を企画する場合、第1項の平等な取扱いは、手続き全体において尊重される
ものとする」と定めている。これらの規定を廃止したということは、公開会社
の支配権の譲渡に際しての強制的な公開買付義務が1997年以降存在しない状
態にあったことを意味する。

　一般的には、tag alongの権利とは、少数株主に付与される株式の買取請求
権であって、支配株主が自らに有利な条件で、その支配株を処分し、少数株主
が取残されて不利な目にあわないよう、当事者間の合意により少数株主に付与
される買取請求権またはプット・オプションを意味する。しかし、ブラジルに
おいてtag along権とは会社法上の制度としての権利を意味する。これは、会
社法が制定された1976年当初から規定されていたものである（第254条およ
び255条）。2001年の法律第10303号によってtag alongの権利が復活された。
改正法によって新設された会社法第254-A条は、次の通り規定する。

　　　公開会社の支配の直接または間接的譲渡は、次の停止条件または解除条件に基
　　づくものでなければならない：支配権取得者は会社の他の株主の有する議決権株
　　式の公開買付を行い、その際の買取り価格は、支配権を構成する株式の一株当た
　　りの価格の80％相当を最低限としなければならない。

この80％という水準が妥当であるか否かは議論があり、1976年会社法の根
本原理である株主平等原則に照らして、少数株主に不当な規定であるとの考え
もあった。しかし、ブラジルにおいて支配権は特に高い経済的価値を有し、当
時の実際の取引例では支配株主のプレミアムは25％にも達する例も存在した
ことから、80％は妥当な水準であると考えられたようである [18]。

---

18)　Carta Dynamo 32, A nova Lei das S/A: avança ausência e problemas, 3 trimestre
　　de 2001.

　法律第 10303 号がもたらした tag along 法制に関する変革は、「支配権の間接的な譲渡」の場合にも、tag along の権利行使が可能となった点である。もし公開会社の支配権が持株会社（閉鎖会社）によって保持されており、その持株会社の支配権が譲渡される場合にも tag along が行使可能となったのである[19]。ただし、第 254-A 条は、適用対象を議決権株式と明記したことから、議決権の無い株式については tag along の権利は生じない。また、同条第 4 項の規定は、少数株主が支配株主が受け取る一株当りの対価と時価との差額を少数株主が「受領する」ことによって、会社にとどまる権利を得ることができると規定している[20]。

（3）　株式の非公開化に伴う株式買取義務

　以上の通り、2001 年改正法は、国家の経済政策によって制約を余儀なくされた株主の基本権である株式の買取請求権をほぼ 1976 年の水準まで復元した。さらに、同法は会社が非公開化するに際して、優先株式を含むすべての株式を公正な価格で買取る義務を規定した。

7.　株主間協定

　合弁事業を営む場合、その当事者間で株主間協定が締結されることが一般的である。その規定する内容は多様であるが、議決権行使拘束契約という側面についていえば、わが国会社法のもとでは、契約当事者間の債権契約としては有効だが、契約に違反して議決権が行使されても、当該株主の意思による行使である以上は、その効力には影響がない[21]。

　2001 年改正法に基づく会社法第 118 条は、「株主の株式の売買、その取得に

---

19)　Borba, *supra* note 4, at 522.

20)　*Id.* at 523 は、同規定は文法的には、「株主がプレミアムとの差額を支払う」趣旨の規定であるが、これは立法上の誤りであると指摘する。

21)　江頭憲治郎『株式会社法』（有斐閣、2010 年）315 頁。

関する優先権、議決権の行使、または支配権の行使に関する株主間協定が、会
社の本店に備え置かれたときは、会社はそれを遵守しなければならない。」と
規定している。上記の内、「支配権の行使」という項目は、2001年改正法に
よって追加された文言である。また、第118条第8項も2001年改正法によっ
て追加され、「会社の総会または集団決議機関の議長は、正規に保管された株
主間協定に違反して行われた投票を算入してはならない」と規定している。つ
まり、当該規定のもとでは、わが国の会社法制と異なり、株主間相互の合意を
優先的に保護する規定を会社法に置いている。

　ブラジル企業の所有形態の特色として少数支配株主による伝統的な経営支
配体制が伝統的に指摘されてきたが、現在ではその分割化が進み、50%未満の
分散化された複数の株主（capital pulverizado）による共同支配体制が進んで
いる[22]。特に外資と国内資本との合弁が進展しつつあるブラジルの現代産業
構造[23]を考慮すると、株主間協定（acordo de acionistas）の重要性は増大し
ており、またそれがコーポレート・ガバナンスに与える影響も大きいと考えら
れる[24]。

8.　2002年民法改正の影響

　ブラジルにおいて最初の民法典は1916年に成立した[25]が、その後の工業化
の進展など社会的変化を反映した改正が必要であると認識されるに至り、1930
年代から債権法改正の作業が行われた。しかし、一部改正にとどまらず全面改
正が必要であると判断され、民法典改正・原案作成委員会が作成した原案が
1972年に提出された。これを修正したものが1975年に国会に提出され、2002

---

22)　Patrícia Pellini, Controle minoritário（capital difuso）, em IBGC, *supra* note 6, at 35.

23)　ブラジル日本商工会議所編『現代ブラジル事典』（新評論、2005年）97頁。

24)　Ricardo P. Câmara Leal e Patrícia Maria Bortolon, "Controle compartilhado:
impactos sobre o valor da firma", em IBGC, *supra* note 6), at 128-130.

25)　ブラジル1916年民法典は、ドイツ民法典の影響を大きく受けながらも、内容的には
ブラジル独自の法典であったと評価されている。

年に法律第 10406 号として成立した。本法は、商法と民法の統合を図った統一法典である。民法第 II 巻は、企業法（Direito de Empresa）と題して、企業者および会社に関する一般規定を定めている。なお、新民法は、イタリアの 1942 年民法を参照したとされる（Gonçalves Neto 2010、末尾参考文献参照）。新民法のもとで、法人格を有する会社は、株式会社、有限会社、単純会社、合名会社、合資会社および協同組合であり、また法人格を有しない会社（社団）は、共有社団および匿名組合である。また、2011 年の法律第 12441 号によって個人有限責任企業の設立も認められることになった。

　民法第 V 章は、株式会社（Sociedade Anônima）に関する規定であるが、わずか2条からなり、第 1088 条は株式会社の特徴について定め、第 1089 条は、「株式会社は特別法により規制し、特別法に規制の無い場合は、民法の規定が適用される」と規定している。ここに特別法とは、1976 年会社法および関連諸立法を意味する。新民法の施行が会社法に与える影響としては、民法第 50 条や第 1160 条をあげることができる。前者は、法人格否認に関する規定であり、「会社の目的外行為や会社資産の混同など、法人格の濫用があった場合は、裁判官は当事者の申立て、または検察庁が訴訟に介入した場合はその申立てに基づき、一定の特定された責任が管理役員または法人株主に遡及することを決定することができる」と定めている。従来は、ブラジルの裁判所は法人格否認法理の適用には消極的であったが、新民法のもとでその適用の可否は司法の判断に委ねられることとなったことから、今後は適用事例が増加するものと予想される。また、後者は株式会社の商号について、会社目的を示す名称を使用することを定めているが、新民法施行後に設立される株式会社については、この規定の遵守が義務付けられている。

9.　ブラジル企業の国際競争力強化に向けた取組み

　2000 年 1 月、証券取引委員会（Comissão de Valores Imobiliários：CVM）は、ブラジル株式会社法改正草案を起草した。この草案は、ブラジルがグローバル経済の潮流に直面している現実を認識しつつ、同国株式会社法の近代化を

図り、国際的な会計原則およびそのベスト・プラクティスとの調和を図ること
が目的であった。より具体的には、次の3つが草案の目的として掲げられてい
た。すなわち第一に、1976年会社法において不適切となった規定を修正する
こと。次に市場経済の進展に伴い、社会および経済に生じた変化に対応するこ
と。そして、最後に国際社会において認知された会計規範および監査規範を導
入することによって、ブラジルの資本市場の強化を図ることである。その後、
この草案はブラジル議会で7年間議論が継続されたが、2007年法律第11638
号として公布された（別表1参照）。

　法律第11638号は、法律第6404号の改正法として、ブラジルにおける企業
会計の国際会計基準へのコンバージェンス[26]の最初の措置として、2008年の
事業年度から直ちに施行された。同法第177条5項に基づき、ブラジル証券委
員会は、公開会社に適用される会計規範を、国際的な会計基準に準拠して定め
る権限と義務が規定された。同法は、公開会社ばかりでなく閉鎖会社であって
も、証券委員会が制定する規則に則り、コンバージェンスの過程に参加できる
旨を定めている（同法第177条6項）。中小企業も含めてIFRSを採用するこ
とは、ブラジル企業全般の信頼性向上につながり、かつそれはコーポレート・
ガバナンスが強化されることを意味する。ブラジルの過去の企業不祥事におい
ても粉飾その他会計慣行に大きな問題が存在し、そうした事実が企業に対する
信用の失墜を招いてきた。また、ブラジルに限らず中国をはじめとする新興国
において会計不信が深刻化している問題が指摘される[27]。ブラジルは、こう
した問題に対処すべく、先進諸国に先駆けてIFRSの採用を決定した。また、
「ブラジルでは、自国の資本市場の発展のためにはIFRSの採用は不可避であ
り自然なことと前向きに捉えられた」とAlexsandro Broedel Lopes（ブラジ
ル証券取引委員会）は発言している[28]。ブラジル会社法は、2000年に入って

---

26)　コンバージェンス（convergence：収束・収斂）とは、IFRSで新しい基準が作成さ
　　れた場合、その都度、重要な差異がないよう自国の会計基準を修正していく施策を指す。
27)　例えば2011年7月13日付日経新聞記事。
28)　2010年9月20-21日にロンドンで開催された世界会計基準設定主体委員会（World
　　Standard Settlers Conference）におけるブラジル代表としての発言。

大きく国際化に向けての道程を歩み始めたと評価することができよう。

　なお、2007年改正法は、株式会社ばかりでなく、有限会社のような他の形態の会社であっても、会社または共通の支配下にある会社集団グループ全体の営業年度の総資産額が2億4,000万レアルを超えている会社、または年間総売上が3億レアルを超えている場合は、2007年法のもとでの計算関連書規定が適用され、それを独立監査人が監査しなければならないと定めている（2007年改正法第3条・第4条）。

Ⅲ．1976年ブラジル会社法の複合的意図と基本理念

　1976年会社法は、「ブラジル資本主義のラスト・チャンス」と現地マスコミが表現した通り、ブラジル革命政権がブラジル経済の起死回生をねらった一連の立法の一つである。改正株式会社法は、1976年12月17日に公布されたが、同年12月7日には証券取引委員会（CVM）の設置に関する法律が公布され、独立行政機関（autarquia）としてのCVMが株式市場の指揮・監督の責任を担うことになった。企業の再生と株式市場の強化は、当時の革命政権にとって重要な二つの課題であった。

　支配株主の責任と義務に関する規定について、1974年に公表された改正会社法案趣意書[29]において以下の通り解説されている。

　　改正法案は、企業（それは多くの場合、会社支配権の保持者として、市場経済を起動する母体として社会的賞賛に値するものであるが）に対して株主、その活動するコミュニティーおよびブラジル国家に対する責任と義務を定めた。支配権は、その経済的影響力がゆえに市場価値を有するものであるが、そういった価値を伴う権限には、それに比例し見合った義務が随伴するものである。そういった支配に伴う義務の法思想は、現代の世界的な法思想に既に浸透している考え方である。また、改正法案は、外国株主と国内の株主とは同等の義務を負担すべきであるという前提に則り規定した。大企業は、その権力を拡大し無数の関係者に関

---

[29]　1974年4月18日に公表された "Exposição Justificativa das Principais Invocação do Projeto"（改正法案制定趣意書）。（Alfredo Lamy Filho, *A Lei das S. A.* Vol. Ⅱ, Renovar, 1996）

わりブラジル経済に重大な影響力を有している。支配株主は、海外の株主であれ国内の株主であれ、社会における重要な役割を果たしており、それに権利が認められると共に社会的責任に関する特定の義務が課されるのである。それが改正会社法案における支配株主の責任と義務に関する規定である。

　上記の改正法案趣意書は、1976年会社法の基本理念を明確に表現している。その他、「趣意書」に記載された株式会社法改正の目的とねらいを要約すると次の通りである。

　先ず、経済の現実を直視し、伝統的な株主有限責任理論の枠組みに拘泥せず、会社の支配株主として機能する大資本の義務と責任に焦点を当てた考え方である。支配株主が支配する企業における管理役員は、支配株主の利益を代表する。そのような状況のもとでは、管理役員の会社に対する責任を規定するのみでは不十分であり、支配株主の法的責任を明確にする必要があった。

　次に、社会における権力を有する者は、それに呼応する義務を負担すべきであり、そうした権力の濫用（abuso de poder）は許容できないとする社会学的思想である。支配株主が経済社会において巨大な事実を前提として、「権力には義務を伴う」という明解な思想を基礎にそれに見合う義務を負担すべきであるとしている。権利の濫用禁止を基本原則とする現代法思想のもとに、かかる考え方の妥当性が見いだされる。趣意書は、「支配権は、その経済的影響力ゆえに市場価値を有するものであるが、そういった価値を伴う権限には、それに比例し見合った義務が随伴するものである。そういった支配に伴う義務の法思想は、現代の世界的な法思想に既に浸透している考え方である」と述べ、ブラジル会社法における支配株主の義務規定が、既に世界の法学に根付いた権利濫用の禁止法理に基づくものであることを示唆している。

　さらに、趣意書が認定した前提は大企業の企業活動が、少数株主、従業員、債権者や地域コミュニティーなど多くの利害関係を有する事実と、その活動がブラジル経済にまで影響を与えるという認識である。ここでは、多国籍企業のブラジル市場への進出という事実に則り、それら企業のブラジルにおけるステークホルダーズとの法的利害関係が急務であるという認識と、市民あるいは

コミュニティーにとどまらずブラジル経済そのものへの影響を顧慮し、それら
との関係において如何に支配株主の責任と義務を規定すべきか検討が行われて
いる。

　上記の趣意書において、企業の「社会的責任」(responsabilidade social)
という用語が使用されている事実は重要である。企業の社会的責任を法的な意
味において認めるべきか否か、現在においても議論が百出しているが、40 年
以上も前に作成された本改正趣意書において、既にその存在を明確に示してい
る。支配株主は、その権力に見合う責任と義務を負担するが、その義務を遂行
する上でも企業が社会的責任を負担することを認識する必要がある。

　最後に、支配株主に関する義務と責任について、外国支配株主とブラジルの
株主とが区別なく平等に負担する旨の記載がある。ブラジル会社法についてブ
ラジルに居住する株主に責任が及ぶことはむしろ当然である。したがって、趣
意書のこの部分の真の意図は、外国株主であってもその義務と責任を免れるこ
とができない旨を明確に表明することであり、上記の議論を総合すれば、多国
籍企業がブラジルにおいて事業会社の経営支配を行う場合について、ブラジル
会社法の規定がその株主としての多国籍企業にも及ぶことが明確に規定された
ものと理解すべきであろう。

　その他、上記の趣意書には直接的には記載されていないが、改正当時の状況
や改正法起草委員会での議論を検討すると、株式市場の整備・強化に伴い、そ
れに対応する大規模会社法制を制定することが重要であったこと、欧州大陸法
理論を基盤とするブラジル会社法に英米の会社法理論を取入れ調和すること、
さらにブラジル企業の国際的競争力の向上を図ることが法改正の主眼とされて
いたことが判明する。

Ⅳ. 実定規範の検討（1976 年会社法第 115 条ないし第 117 条）

　ブラジル 1940 年会社法と比較した 1976 年主たる特徴の一つとして、支配
株主の概念を規定し、会社を実質的に支配する大株主または株主グループの責
任を法定化している点があげられる（中川 前掲注 5）。しかし、支配株主の義

務・責任規定は、1940年法との比較にとどまらず世界各国の会社法制との比較においても特徴的な規定である。本節では、まず1976年会社法第10章「株主」から、第3節「議決権」のうち、少株主を含むすべての株主の議決権行使に関する義務を規定する第115条を検討し、ついで同章第4節「支配株主」に関する第116条（義務）および第117条（責任）について検討を行う。

1. 第115条（議決権の濫用と利益相反）

　ブラジル株式会社法第115条は、株主による議決権行使の濫用を禁止する。同条は、まず「株主は、株式会社の利益において議決権を行使しなければならない」（第115条本文）と規定し、かつ「株式会社もしくは他の株主に損害をもたらす目的をもって、または自己もしくは他の者のために利益をもたらす目的をもって行使される議決権の行使は濫用とみなす」（同条本文）と規定する。また、議決権の濫用に関する責任について、株主は「議決権の濫用により生じた損害につき責任を負担する」（同条第3項）ものとし会社の利益と相反する株主により採択された決議は無効とする一方、かかる株主は会社に生じた損害につき責任を負う旨を定めている（同条第4項）。なお、第115条のもとで、議決権とは支配株主の議決権行使に関するものに限定されず、少数株主を含むすべての株主の議決権に共通する義務が観念されている。

　上記の株主の議決権行使に関する義務規定は、ブラジル会社法第116条および第117条に規定する支配株主の権利濫用禁止規定の基礎となる理論であり、同国会社法を理解する上で重要な規定である。しかも、議決権の行使は「会社の利益」において行うべきとする理念は、1976年会社法全体を通じて、強く根付いている。この点、例えば我が国の会社法のもとで、株主の責任については、その株式の引受価額を限度とするとのみ定められていて（日本会社法第104条）、株主がその保有する議決権をどのような目的のために行使すべきかについては特段規定が存在しない。つまり我が国の会社法のもとでは、議決権はその権利の性格による一定の制限があるとしても、それぞれの株主が自由に行使し得る権利であって、もっぱら会社自体の利益に向けて行使されなけれ

ばならない訳ではなく、典型的には「わが国会社法上、株主は何らの義務を負担しないものとされる」(松田二郎『株式会社法の理論』岩波書店 1962 年)といった株主の有限責任の原則が前面に押出される[30]。

　また、ラテンアメリカ諸国の会社法においても、アルゼンチン会社法やメキシコ会社法のように利益相反株主の議決権行使を禁止する規定がみられる。しかし、議決権行使について「会社の利益」のために行使すべき義務を定めた規定は見当たらないことから、ブラジル会社法第 115 条は、日本法との比較において特徴的であるばかりでなく、ラテンアメリカ諸国の会社法の中でも特徴的な規定である。

　それではブラジル会社法の基礎理念である「株主の義務」は、如何なる思想を基礎とするものであろうか。その手がかりとなるのは、企業そのものに関する法思想であり、その公共性や社会的責任をめぐる思想である。この点は、第 116 条および第 117 条とも関連するので後述する。

2.　第 116 条（支配株主の義務）および第 117 条（責任）

（1）意　義

　支配株主とは、「自然人若しくは法人、または一致した意思によって結合し、もしくは、共通の支配下にある多数人の集団で、総会決議における多数票を行使する権限を、長期にわたり確保し得る権利を有し、さらに会社活動を支配し、会社機関の業務を指示するためにその権限を行使し得るもの」である（第 116 条本文）。支配株主は、その権限を会社がその目的を実現し、その機能を果たすために用いなければならず、さらに他の株主、従業員、会社が活動する地域社会に義務を有し責任を負担することから、支配株主は、これらの権利・利益を忠実に尊重し考慮しなければならない（同条単項）。

　また第 117 条は、「支配株主は、権力の濫用により生じた損害について責任

---

30)　もっとも、ブラジル会社法第 115 条第 1 項は、株主総会において相反する利益を有する株主の権利行使を制限するなど、日本の会社法と類似する規定も存在する。

を負う」（同条本文）と規定し、例えば会社をしてその目的外の業務を実施し、または国家の利益を損なう目的に導き、もしくは少数株主または国家経済の負担において他の会社（外国法人を含む）の利益をはかる行為（同条第1項1号）などを権力濫用の一例と規定している。さらに、支配株主による権力濫用の場合、これらの行為を実行した管理役員は、支配株主と連帯して責任を負担する（同条第2項）。

（2）思想的背景

　支配株主の義務と責任に関する規定の背景には、ドイツ法理論である「企業自体の理論」が存在する[31]。企業自体の理論とは、「企業は、その社会的制度としての機能においても、その把持者の会社法的拘束力の点からいっても、独立の法益として特殊の保護に値するという法思想は、既に現行法に浸透し始めている」[32] とする法思想であり、ドイツの法学者ラテナウが著わした『株式会社論』に端を発し、ハウスマンにより「企業自体」（*unternehmen an sich*）の思想の名を与えられた。

　なお、大隅博士によれば、ラテナウおよびハウスマンの企業自体の思想は概ね以下の通りである[33]。

① 企業は、その社会的制度としての機能においても、その把持者の会社法的拘束の点からいっても、独立の法益として特殊の保護に値するという法思想は、既に現行法に浸透し始めている。

② 企業が独立の法益として特殊の保護に値するということは、その社会的制度としての機能、つまり企業の社会性ないし公共性の見地からと、企業の把持者たる株主の会社法的拘束機能、つまり株式会社において結合している株主の私的利益の見地からの二つの立場が考えられ、それに従っ

31）　Calvalhosa, *supra*. note 7, at 391-393.

32）　大隅健一郎『会社法の諸問題（商法研究Ⅰ）』（有信堂、1962 年）397 頁。

33）　大隅健一郎「株式会社における企業自体の思想」（大隅『会社法の諸問題』（有信堂、1962 年）。

て企業自体の思想の系列に属すると見られる学説にも大まかにいって二つの立場がある。一は、株式会社において結合している私的利益のみならず、企業における社会性・公共性の要素をも含めて企業自体をとらえ、その特殊の保護を主張するもの（ラテナウ・ネッター）であり、他は企業の社会性・公共性は十分認識しながらもこれを切り離して、もっぱら株式会社において結合している株主の私的利益の全体としてとらえ、その特殊の保護を主張するものである（ハウスマン）。

③　前者は、企業の社会性・公共性の契機をも含めて株式会社理論としての企業自体の思想を理解しようとしているのに対して、後者は本来私的なものであるべき株式会社の理論にかかる社会的・公共的要素を取り入れることを不当とし、株式会社法理論の私法的純粋性をつらぬこうとしている点に、その対立の根源があるように見える。

④　株式会社においては、そこに結合している個々の利益を含みながら、それとは別個独立の存在と目的とを有する会社自体の利益が認められ、会社の内部において生起する。このような利益の矛盾衝突は、会社の利益によって止揚される。

⑤　これを企業自体としてとらえることにより株式会社の内部における問題解決につき実践的意義が見いだされる。それと同時に、株式会社企業においては、株主または債権者のみならず、労働者・消費者ひいては一般大衆が重大な利害関係を有するのであって、企業は重要な社会的機能をになう制度であり、社会性ないし公共性がそれに体現している。かかる見地からとらえるとき、企業自体の思想は最もそれに相応しい意味内容を獲得する。かようにして、企業自体は会社において結合する私的利益の統一体の体現者たると同時に、社会的・公共的利益の体現者たる性格をもっているのである。そして、これらの利益はすべて等しく企業の維持および発展においてその共通の満足を見いだすのである。このような意味において、「企業は、その社会的制度としての機能においても、その把持者の会社法的拘束の点からいっても、独立の法益として特殊の保護に値する」と言える。これがすなわち企業自体の思想にほかならない。

　株式会社を考えるについて、株主が営利の目的を達する手段としてのみ企業を理解する場合、企業はそれ自体として存在の意義を有しない。その場合は、株式会社が株主の利益の前には屈服せざるを得ず、企業と株主との利益が対等の地位において対立することがないからである。しかし、株式会社において企業所有が企業経営より分離する程度がはなはだしいときには、株主とは無関係な有機体として自己の生活を営み、種々の社会的、経済的エネルギーの複合体としてそれ自体が社会的価値を有し、機関構成者、使用人、従業員がこれと関わってくる。この場合、それは単に株主が自己の利己心を達する手段としてのみ考えることはできず、一連の公の性格を帯びるようになる[34]。この思想は、その後の株式会社法の研究に重大な影響を与えており、多数株主の横暴に対してのみならず、少数株主または個々の株主の権利濫用に対して会社の理事者の立場を弁明する根拠を与えた[35]。そして、ブラジル会社法は、ドイツの1937年会社法第70条に規定する公益優先の "*führerprinzip*"（指導者原理）を採用したとされる。ただ一点異なるのは管理役員（または理事）の責任の部分を支配株主の責任に変更した点である[36]。その根拠は、ブラジル会社法改正作業中の「改正趣意書」中の以下の記載に見いだされる。

　　会社法改正草案が採用した支配株主の権利に関する原則且つ支配株主の行動の評価基準は、その権利行使が、会社の本来の目的を達成する為に行使されること、且つ会社がその社会的な役割を履行する目的で行使されること、さらには支配株主がその他の会社関係者（従業員、少数株主、一般投資家やコミュニティーのメンバー）の利益を誠実に尊重することである。それらの条件を満たした場合にのみ支配株主による権利の行使は適法である。

　ブラジル会社法の特性を理解するためには、ドイツにおいて展開された企業自体の理論がブラジル1976年会社法の基礎理論となっている事実を認識する必要がある。

34）　田中耕太郎『商法学（特殊問題上）』（春秋社、1955年）74-80頁。

35）　同上。

36）　Carvalhosa, *supra*. note 7 at 423-425.

（3）社会・経済的背景

　ブラジル会社法においては、支配株主の権利濫用理論をはじめとする「株主の義務」概念を重要視する。つまり、ブラジルにおける大企業の特徴は、経営支配－つまり企業コントロールの過度の集中[37]にあり、それら大資本のコントロールを規制しつつ、マイノリティー株主の保護が図られなければ、国内資本市場の育成を図ることは不可能となり、また巨大資本による経済力の濫用を抑止することは困難であるという実状がある[38]。同国会社法において株主、特に支配株主は、権利の主体のみならず、責任や義務の主体として重要な役割を果たしている。この「株主の義務」は、企業の社会的責任論とも密接に関連しつつ、ブラジル会社法における重要な概念として発展を遂げたといえる。

（4）判例分析

　以下にこれまで説明してきた実定規範の判例について検討する。

①　リオデジャネイロ州控訴裁判所 1993 年 10 月 5 日判決（Apelação Civil
　　No. 043/93 Rio de Janeiro（Revista de Direito, vol. 20 p.262-269））

　本判決は、閉鎖会社の少数株主がその会社の実質的経営を掌握する支配株主の議決権行使が権利濫用であるとして、支配株主等に対して損害賠償請求を行った事件に関するリオデジャネイロ州控訴裁判所の判決である。少数株主は、経営権を掌握する 3 名の株主、取締役、監査役などを相手取って、a）損

---

37)　1940 年に株式会社法が制定された当時は、小規模な零細企業が中心的存在であった。その後、社会・経済の発展に伴いその実態と法制との乖離が深刻化する中で、現在のブラジル株式会社法は 1976 年に制定された。1976 年法は、経済的支配力を有するに至った大企業の出現とその所有と経営の分離、所有の偏在（一部資本家による企業支配）という現実を前提として改正作業が進められた。制定後 10 年を経た 1986 年に、商法学者 Arnoldo Wald 教授は、1976 年会社法がブラジルの経済発展に貢献した役割を評価し、そのもとでの均衡のとれた株式会社法制は、ブラジル資本主義経済推進の主体的役割を果たしたと評価している。

38)　1990 年代を通じて経営支配の集中は分散化が図られつつあるという分析も存在する。しかし、これをもってブラジル企業の経営の分権化が相当程度達成されたと判断することは時期尚早であろう。

害賠償の請求、b）報酬および民事責任に関する取締役による議決権行使の無効の確認、およびc）株主総会における取締役の議決権行使禁止の仮処分を求めた事件である。最も議論になったのは11％の株式を有する株主 Adir による議決権行使であり、Adir は問題とされた同社取締役の配偶者であったことから、原告は取締役に対する責任追及の訴について、同株主は利害関係を有すると主張した。

　裁判所は、会社法第115条は夫々の株主本人にとっての利益相反を問題とするものであって、本人の配偶者が利益相反関係を有するという理由のみでは、本人にとっての利益相反を構成するものではない。したがって、本人が会社と利益相反の関係になく、その個人的利益に基づいて議決権を行使することは、会社の利益侵害とならない限り違法とはいえないと判断した。しかし、本件について問題となるのはむしろブロック（集団）としての支配権の行使であり、この点については会社法第117条に照らして判断すべきであると判示した。

② 1995年9月5日付連邦高等裁判所判決（REsp 34220/CE（DJ 23/10/1995））

　Vicunha Nordeste S.A.-INDUSTRIA TEXTIL の1986年における株主総会において、同社の財務諸表および役員報酬等について承認されたが、同総会には同社の株主であり取締役である者が議決に参加していた。原告の Banco do Brasil S.A. は、会社法第115条第1項および第134条本文に基づき、当該決議の無効を求めた。

　原審であるセアラ州裁判所は、原告の主張を認めて上記総会決議は無効であると判断したが、被告は当該役員・株主は同社における唯一の株主であることから、会社法第134条第6項に基づき有効な決議であると主張し、連邦高等裁判所はこの主張を認めた。

③ 2007年2月6日連邦高等裁判所判決（REsp 798264/SP（DJ 06/02/2007））

　レアル銀行の支配株主である Real S/A Participacões e Administracão 他（被告—支配株主）は、レアル銀行の95％超の株主であったが、Vale Refeicão Ltda 他（原告—少数株主）は、1995年から1998年の間に本件支配会社およびレアル銀行の管理役員が、本件支配株主の利益を図り、レアル銀行および本件少数株主に損害を与えたとして損害賠償請求訴訟を提起した。具体的には、

a）レアル企業グループの損失をレアル銀行に転嫁する違法な操作が行われた
こと、b）レアル企業グループの経費をレアル銀行が負担するという違法な会
計処理が行われたこと、c）レアル銀行が正当な対価を得ることなく他のレア
ル企業グループに商標の使用を許可したほか役務を提供したこと、d）レアル
銀行が支配株主の個人的経費を肩代わりしたこと、およびe）実質的レアル銀
行の利益配分とも捉えられる異常に高額な役員報酬が支払われたことなどであ
る。原告は、株式会社法第117条に基づき、レアル銀行および原告がこうむっ
た損害の賠償を請求したが、原告は訴訟提起の段階では上記違法行為を具体的
に特定することができず、これを本件訴訟手続きにおいてレアル銀行の経理書
類およびその他の関係を精査するなど鑑定手続きを経て証明していく方針で
あった。

　サンパウロ州裁判所は、会社法第159条本文は、「会社は予め総会の決議を
得て、管理役員に対して、その会社財産に与えた損害についての賠償請求をお
こす権限を有する」と規定し、同条第4項は、「総会がこの訴訟を提起しない
と決議した場合は、少なくとも会社資本の5％を代表する株主がこれをなすこ
とができる」と規定しているが、原告はレアル銀行の5％未満の株主であり、
上記規定に基づき、会社が管理役員に対する責任追及の訴訟を提起しないこと
を決議した場合には、これを提起する権限を有しないと判断した。また、裁判
所は、原告は本件支配株主が会社法第117条に基づく損害賠償責任を負担する
と主張しているが、その具体的事実を特定することができず訴状の内容が不充
分であるとして、原告の請求を退けた。

　連邦高等裁判所は、会社法第117条に基づく損害賠償請求については、支
配株主の加害の意図は問題とされないが、支配株主による違法な行為が行われ
た事実および被支配会社において損害が発生した事実は証明されるべき不可欠
の要素である。しかし、事実審の段階においてこの損害額を特定することがで
きない場合には、訴額決定手続きにおいてこれが特定されれば足りると解すべ
きであると判断した。なお、会社法第117条は支配株主の権力濫用について広
範囲に規定しており、第1項に例示された行為以外にも、権力濫用を証券取引
委員会（CVM）および裁判所が認定する権限を広く認めていると解釈した。

④　2009年10月19日付連邦高等裁判所判決（REsp 1138101/RS（DJe 19/10/2009））

　本判決は、2名の出資者のみで設立され、運営されている有限会社において、一方の出資者（50％の出資比率）の利益を図るために当該出資者（被告）が会社から不正に融資を受けたことによる会社の損害について、他方の出資者が会社に対する損害賠償を求め、会社の名義で有責出資者を相手取って提起した訴訟である。本来、会社の名前において役員に対する損害賠償請求をなすには、その会社の過半数の出資者によって決定されなければならない（会社法第159条本文・第1項）。

　原審となるリオグランデドスール州裁判所は、原告会社においては出資総額の過半数の出資者による決議がなされておらず、また会社法第159条第4項に基づく場合は、5％以上の出資者が原告となるべきであり、本件における原告会社は原告適格を欠くとして原告の主張を退けた。これに対して原告は、かかる解釈は特別利害関係を有する株主の議決権行使を禁止する会社法115条第1項の趣旨に違反する等として連邦高等裁判所に上告した。

　連邦高等裁判所は、一方の出資者の違法行為によって会社に損害が生じた場合の責任追及の訴えが、当該有責出資者の承認を得て（つまり出資者総会で承認されることにより）はじめて可能となるという解釈は合理性を欠くと判断した。したがって、裁判所は原告会社による有責出資者への損害賠償請求訴訟について、上記状況のもとでは出資者総会決議は不要と解すべきであるとして、原告会社に原告適格を認める旨の判断を下した。

⑤　2009年11月17日連邦高等裁判所判決（REsp 663978RN（DJe 27/11/ 2009））

　ナタル州政府は、混合経済（economia mista）会社の支配株主であったが、混合経済会社が負債について連邦財務省が、ナタル州政府の連帯責任を主張した。連邦第5地区控訴裁判所は、会社法第117条は、同条に例示された支配株主による権力濫用のみでなく、如何なる形態であってもその濫用による損害賠償責任を規定したものであるが、同条は被支配会社の債務について支配株主の連帯責任性を規定したものではないと判断した。したがって、原告は支配株

主による権力濫用の事実と、それに基づく損害を立証したうえで損害賠償請求は可能であると判断した。これについて、連邦高等裁判所は原審判決を支持するとの判断を下した。

⑥　2011 年 6 月 21 日連邦高等裁判所判決（REsp 1190755/RJ（DJe 01/08/2011））

Fundo Fator Sinergia（投資ファンド）は、Portobello S/A（出資先）の少数株主であったが、出資先の経営審議会の決議に基づく臨時株主総会決議により増資が実施され、投資家の出資先における出資比率は、8.9％から3％に減少した。投資家は、会社法第170条第1項は、「発行価格は、たとえ引き受けの優先権がある場合であっても、旧株主の参加を不当に害することなく、会社の収益性の見込み、純資産額および市場価格を基準として定められなければならない」と規定しており、前記の経営審議会および総会決議の無効を主張したが、原審であるリオデジャネイロ州裁判所は、原告の主張を退けた。

連邦高等裁判所は、支配株主が不当に少数株主の出資比率を引き下げるべく、恣意的な増資決議を行った場合は、会社法第117条に基づく損害賠償請求は可能であるが、単に増資の際の株式発行価額が妥当ではなかったという理由のみでは、株主総会の決議無効の請求は認められないと判断した。

3.　問　題　点

2007 年 2 月 6 日連邦高等裁判所判決（上記Ⅳ2（4）③参照）に示されているように、支配株主の責任を追及する訴訟を提起するためには、原告は、支配株主が会社または少数株主の損害のもとで自己または第三者の利益を得ようとする主観的意図の有無は問題とされず、また濫用行為を具体的に特定することも要求されない。損害が発生した事実を証明することができれば、責任追及の訴訟を提起することが認められ、訴訟手続きにおいて会社の会計帳簿の鑑定を行い、その他の書類の証拠調べを実施することによって具体的な濫用行為を特定し、また訴訟が終結するまでに損害額を確定することが認められている。さらに、第117条第1項は支配株主の権力濫用に関する例示規定であり、証券

取引委員会 (CVM) および裁判所には、個々の事例に応じて支配株主の権力濫用行為を認定する権限が賦与されている。つまり、支配株主の意図とは無関係に、当該会社の一定の行為によって、ブラジル経済や国益もしくは少数株主に損害が生じた場合に、広い範囲で支配株主の権力濫用が認定される可能性が生じることから、国家が介入主義的な政策に転じた場合には、当該会社法に基づく国家の市場経済への介入の契機となる懸念を含んでいる。もっとも、判例分析の結果からは、支配株主による会社資産の搾取に関する少数株主による損害賠償請求（上記Ⅳ2（4）①など）や、少数株主の squeeze out についての少数株主からの賠償請求（同上記Ⅳ2（4）⑥参照）が最も多く見いだされ、支配株主による会社経営がブラジルの国益や経済的関心との関係で問題とされるような事例は現在までのところ見いだせない。

　また、会社法制度として第117条第1項1号にみられるように国家的な利益の保護を優先指針と定めることは、国家が会社経営について外部からの統制を行うことを意味し、またそれは本来自由な経済活動を保障するはずの会社法制の根幹を破壊する原因になりかねない危険をはらんでいる。これらの濫用禁止規定は、制定から40年以上も経過した現在においても有効な実定規範であり、権利を侵害された当事者は、個人として会社や支配株主等責任当事者に対して権利請求が可能である他、資本市場における投資家の権利が妨げられた場合は、民事公訴権（ação civil pública）[39] に基づき権利の実現が可能となっている。

Ⅴ. ま と め

　1976年会社法は、第二次国家開発計画のもとで複合的意図をもって誕生した。同法の理念によれば、会社は、株主、従業員および地域社会のそれぞれの権利を尊重して経営されるべきであり、経営を実質的に担う支配株主は、この理念に基づき、会社がその社会的機能を果たすべく権限を行使しなければなら

---

39)　1985年の法律第7347号によって創設された公共民事訴訟制度に基づく権利。この集団訴訟制度は、1990年の消費者保護法典にも導入された。

ない。このようにステークホルダー理論に立脚するブラジル会社法の基本理念は、現在でも不変である。上述の通り同規定には、ドイツの 1937 年会社法が影響を及ぼしたといわれるが、ブラジルの経済実態を反映しつつ会社の理念を明確に示す先駆的な法制であると評価できる。ブラジルにおいては、大企業の株式所有集中度が極めて高く、さらに主要産業分野において外資の進出割合が高い。これらの社会経済的事実を認識すると共に、ブラジルにおいて企業は、単に自由な経済活動ための経済的組織体というよりも、同国の経済的発展ひいては国民生活の基盤向上を担う公共的組織体として捉えられ、そのような究極的目的をもって社会的利益（interesse social）と掌握されてきた企業観を認識・評価すべきであろう。

　わが国をはじめとする有限責任社員論に立脚する伝統的な株主概念のもとでは、議決権行使における株主の義務や支配株主の権力濫用禁止理論は論拠が薄弱で定着しにくい。また、「社会的利益」という曖昧な概念のもとで、「社会的利益」に向けて議決権を行使すべき義務を定めることは、自由な経済活動を基本とする資本主義体制のもとでは、危険であるとの考えもあろう。他方で「社会的利益」の追及という理念を見失しなった企業は、数々の不祥事を引き起こしているが、こうした「暴走」をどのように食い止めるべきかをめぐって「会社は誰のためのものか」という議論が展開されている。法的意味における会社の社会的責任性を認めない立場からは、各企業の自主的な取組み以外に、暴走を防止する手段が乏しい状況のもとで、ブラジル会社法にみられる会社の社会的責任性を前提とした会社法制は貴重な示唆を与えている。

　注目すべきは、2001 年の会社法改正である。本改正によって第 116 条 -A が新設され、公開会社の支配株主は、会社におけるその株式保有状況の変動を直ちに証券取引委員会および証券取引所に報告しなければならないものとされた。当該規定は、1999 年 2 月 9 日付の証券取引委員会（CVM）指令第 299 号に基づくものであり、資本市場の信頼性と透明性を向上させるために規定された。この支配株主に報告義務が課された背景には、OECD が 1999 年に公表したコーポレート・ガバナンス原則に基づく支配株主の企業倫理の要請が存在する。

　一般に、会社の取締役や経営審議会メンバーとは異なり、株主は会社と委任関係にはないが、ブラジル会社法のもとでは支配株主は、特別な責任が賦課されている。支配権は権力を伴い、また経済的価値を伴う。ブラジルの会社法学者 Eizirik は、ブラジルにおける会社法の所有は、経営者の手中にあるというよりは支配株主の手中にあるという事実認識が重要であり、そのような権力を有する支配株主から利害関係者の利益を保護することが会社法第 116 条および第 117 条の使命であると指摘している[40]。ブラジルにおいて事業を営む支配株主は、1976 年会社法の目的を理解したうえで、その精神を尊重しつつ事業経営に望む必要がある。

別表 1　法律第 11638 号の概要

1976 年会社法の規定	法律第 11638 号に基づく改正会社法の規定
1.　資産・負債の長期・短期の区分は、12 ヶ月の基準もしくは会社の操業サイクルを考慮して決定される。	1.　資産・負債の長期・短期は、12 ヶ月以上・未満によって決定される。
2.　資産・負債の区分は次の通り： 資産 → 流動資産、長期債権、投資、固定資産および繰延資産。 負債 → 流動負債、長期負債、繰延負債および純資産。	2.　資産・負債の区分は次の通り： 資産 → 流動資産および非流動資産（長期実現資産、投資、固定資産、無体資産、繰延資産）。 負債 → 流動負債および非流動負債（長期負債、繰延負債）並びに純資産（会社資本、資本準備金、資産評価調整勘定、利益準備金、自己株式および繰越欠損金）。
3.　関連会社範囲画定：関連会社の範囲は以下の基準によって決定される。 ①出資者の自己資本の 10％を超える出資（274 条単項 a)）。 ②出資先の経営に与える影響力（影響力基準）(Instrução CVM n. 247/96, art. 5, parágrafo único) または、 ③出資先の資本の 20％以上。	3.　関連会社の範囲画定：IFRS は支配力基準を採用している。支配力基準とは、連結決算の対象範囲となる企業の範囲を定義するに当たり、議決権保有比率という形式面だけではなく、実質的な支配状態（株主総会などの財務及び営業または事業の方針を決定する機関が支配されているかどうか）を考慮する考え方である（IAS 28）。また、議決権出資持分の 20％以上の出資（共通支配会社による出資分を含む）は上記に該当する。
4.　資産・負債の現在価値修正：旧規定のもとでは法的な基準（修正が必要かどうかも含めて）が明確でなかった。	4.　長期の資産・負債について現在価値への修正が義務付けられた。IFRS は、「公正価値（Fair Value）」基準を定め、これは市場価格に基づく「時価」を意

---

40)　Eizirik, Nelson, "Propiedade e controle na companhia aberta- uma análise teórica", *Revista Forense*, Vol. 700, no. 83, Rio de Janeiro, 1987.

	味する。IFRS は公正価値を「取引の知識がある自発的な当事者の間で、独立第三者間取引条件により、資産が交換される価額」と定義（IAS 第39号）する。その他 IFRS は各資産・負債の公正価値の測定基準を基準書で定義している。
5.　会計帳簿と税務書類：会計帳簿は、必ず税務申告書（Livro de Apuração do Lucro Real：税申告の基礎となる利益計算書）の基礎とならなければならない。	5.　会計帳簿と税務書類：税務申告書類をまず作成した後にそれを会計基準に従って会計帳簿への修正を行うことが可能となった。
6.　無形資産：　資産として計上する義務がなかった。	6.　無形資産：会社の活動を維持するために、またはそうした目的のために投資された無体財産や暖簾（fondo de comércio）を計上する義務が生じた。
7.　固定資産：リース資産については資産として計上する必要がなかった。	7.　固定資産：ファイナンス・リースによって取得する固定資産も含めて固定資産に計上する義務がある。
8.　純資産：会社資本、自己株式、資本準備金、利益準備金、再評価準備金、未処分利益もしくは未処分損失から構成される。	8.　純資産：会社資本、資本準備金、資産評価調整勘定、利益準備金、自己株式および繰越欠損金から構成される。 ・社債の発行プレミアムはその期の利益として計上される。 ・改正前の利益準備金は、改正法の下で廃止され、未実現利益（reserva de lucros não realizados）として計上される。 ・再評価準備金は改正法の下で廃止された。支配権の譲渡に際しては資産・負債の調整は、資産調整勘定（ajustes patrimoniais）に計上される。
9.　資産運用表：作成が義務付けられていた。	9.　資産運用表はキャッシュ・フロー計算書に代置された。キャッシュ・フロー計算書は、損益計算書の税引き前利益からスタートして貸借対照表の期末のキャッシュ残高までの、利益と資金の違いを表現している。その企業の資金活動の性格により次の3つの計算書を作成しなければならない。①営業キャッシュ・フロー表、②投資キャッシュ・フロー表および③財務キャッシュ・フロー表。
10.　付加価値計算書：従来計算書類としてのこの概念は存在しなかった。	10.　付加価値計算書：公開会社においては付加価値計算書の作成が義務付けられた（176条V号）。付加価値とは、企業が事業活動を通じて新たに生み出した価値のことをいう。企業は生産・販売活動などを通じて利益を上げ、雇用・税や金利負担を賄うことで社会的貢献をしている。これらは会社の付加価値であり、利益にこれらの要素を加味することで会社の付加価値を明確にすることができる。

筆者作成資料。Modesto Carvalhosa, Comentários à Lei de Sociedade Anônimas（3a volume）p.634-636 を参照した。

【第Ⅱ部第1章の参考文献】

阿部博友「ブラジル株式会社における支配株主の義務」(ラテン・アメリカ論集 2012 No. 461-
　17頁(ラテン・アメリカ政経学会)

鈴木信男『改正ブラジル株式会社法』Tihiro Comunicações, 2010。

中川和彦『ブラジル会社法』国際商事法研究所、1980年。

中川和彦「ブラジルの経済発展と企業組織法の生成・発展」(矢谷通朗、カズオ・ワタナベ、二
　宮正人編『ブラジル開発法の諸相』)アジア経済研究所、pp.125-152、1994年。

中川和彦『ラテンアメリカ法の基盤』千倉書房、2000年。

ブラジル日本商工会議所編『現代ブラジル事典』新評論、2005年。

松田二郎『株式会社法の理論』岩波書店、1962年。

ラテンアメリカ協会編『ラテンアメリカ事典』ラテンアメリカ協会、1974年。

Borba, José Edwaldo Tavares, *DIREITO SOCIETÁRIO* (12a Edição), São Paulo,
　Renovar, 2010.

Carvalhosa, Modesto, *Comentários à Lei de Sociedade Anônimas* (2a volume), São Paulo,
　Editora Saraiva, 2009.

Eizirik, Nelson, "Propiedade e controle na companhia aberta- uma análise teórica",
　Revista Forense, Vol. 700, no. 83, Rio de Janeiro, 1987.

Filho, Alfredo Lamy, *A Lei das S.A.* Vol. II, Renovar 1996.

Gonçalves Neto, Alfredo de Assis, *DIREITO DE EMPRESA* (3a edição), Editora Revista
　dos Tribunais, 2010, São Paulo.

Hoog, Wilson Alberto Zappa, *Lei Das Sociedades Anônimas*, Juruá Editora, 2009.

Mourthé, Valadares Silva, and Leal, Ricardo P.C., "Ownership and Control of Brazilian
　Companies", Working Paper, Universidade Federal do Rio de Janeiro, 2000.

Siffert, Nelson, "Governança Corporativa: Padrões Internacionais e Evidêmcias
　Empíricas no Brasil nos Anos 90", Banco Nacional de Desenvolvimento Econômico,
　Working paper, Rio de Janeiro, 1999.

Venosa, Sílvio de Salvo, *Código Civil Interpretado*, São Paulo, Editora Atlas, 2010.

Wald, Arnoldo, "Dez anos de Vigência da Lei das Sociedades Anônimas", Revista de
　Informação Legislativa, Vol. 23 no. 91, 1986.

第 2 章

競争法の歴史的展開 [1]

I. はじめに

　市場経済体制を維持・発展させるためには自由で公正な競争秩序の確保が不可欠である。ラテンアメリカ諸国は、1980 年代の経済改革の失敗を教訓として、1990 年代以降に競争政策の改革に取組んできた結果、競争法制の整備が進展している [2]。ブラジルの競争政策は長期にわたり脆弱であるといわれてきた [3] が、その背景としては、長期にわたる同国の閉鎖経済体制の下で、国家が市場経済に積極的に介入してきた事実が指摘される。また、ブラジル政府は 1980 年代まで輸入代替経済政策の下で、少数の大規模な国営企業によって国内産業の育成を図ってきており、かかる状況の下では競争政策の重要性は、ほとんど顧みられることがなかった [4]。さらに、株式所有が一部の family に偏在するブラジルの代表的企業は、1990 年代の市場開放後も、解放された新たな市場への参入により事業を拡大する傾向が強く、したがって市場における player の数は限定的となり、競争はむしろ拡散しているとの指摘もみられる [5]。

1)　本章は、拙著「ブラジル企業法の現代的展開」（国際商取引学会編『国際商取引学会年報 2013 年第 15 号』）81-92 頁をもとに近年の法改正を含め修正を加えた。
2)　Paul Cook, Raul Fabella & Cassey Lee, *Competitive Advantage and Competition Policy in Developing Countries* (Cheltenham: Edward Elgar, 2007), at 65.
3)　Economist, July 30, 2011.
4)　Cook et al., *supra* note 2, at 109.
5)　*Id.,* at 111.

ブラジル競争法については、現在効力を有する 2011 年に制定された法律第 12529 号[6]（2011 年競争法）が注目されるが、その歴史に目を転じると、1934 年憲法の下で、ブラジルではじめて経済秩序（*ordem econômica*）の構築という理念が確立され、1938 年には法規政令第 869 号[7]（38 年公共経済統制法）が制定された。この法規政令は、競争政策の観点から国民経済の保護について定めたものであり、違反者に対する制裁規定を伴ったブラジルで最初の経済法規[8]である。その後は公共経済の保護（*proteção de economia popular*）の理念の下で徐々に競争法制が構築されていった。

　ブラジル経済法の主要な一領域である競争法は、多様なステークホルダーの利害が直接または間接的に絡み合い、複雑な様相を呈していることから、ブラジルの法律家にとってもその変遷を体系的に理解することは容易ではない[9]。しかし、競争法に限らず、法規範を理解するためにはその歴史的背景を理解することが不可欠である。本章においては、ブラジル競争法が、経済政策の変遷過程において、どのような変容を遂げていったのか、その歴史的変遷を検討する。

　なお、検討の基礎となる歴史的区分については、1962 年に法律第 4137 号[10]（62 年濫用禁止法）が制定される以前をブラジル経済法の黎明期（1934 年〜1961 年）と位置付け、1962 年から政府が経済開放政策に着手する 1990 年以前を第 1 期（1962 年〜 1989 年）、その後 1994 年競争法[11]（94 年競争法）が制定・施行される以前を第 2 期（1990 年〜 1993 年）、1994 年競争法施行から

---

6) 正式には「ブラジル競争保護システムを構築し経済秩序に対する違反の予防および抑制等に関する 2011 年 11 月 30 日付法律第 12529 号」。同法は 2012 年 5 月から施行された。

7) 正式には「公共経済に対する犯罪行為、監視機関およびその権限を定める 1938 年 11 月 18 日付法規政令第 869 号」。

8) Gonçalo Farias de Oliveira Junior, *Ordem Econômica e Direito Penal Antitruste* (Curitiba: Juruá Editora, 2011), at 155-156.

9) Paula Forgioni, *Os fundamentos do antitruste* 2.ed. (São Paulo, Revista dos Tribunais, 2005), at 93, 116.

10) 正式には「経済力の濫用の抑制を規律する 1962 年 9 月 10 日付法律第 4137 号」。

11) 正式には「経済防衛審議会を独立行政機関に転換し経済秩序への侵害を予防し抑止するための措置等を定める 1994 年 6 月 11 日法律第 8884 号」。

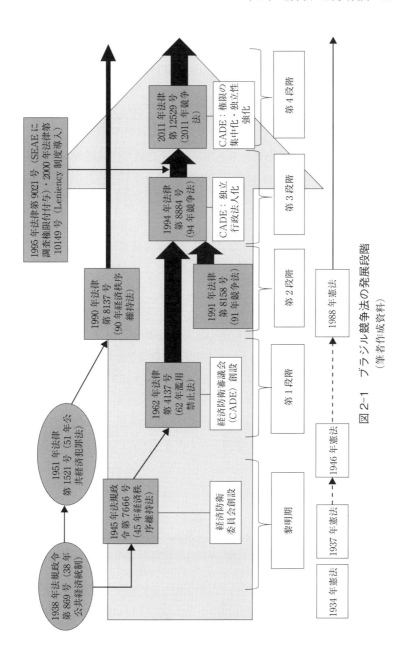

図 2-1　ブラジル競争法の発展段階
（筆者作成資料）

2011 年競争法の制定・施行される以前を第 3 期（1994 年～ 2010 年）、そして 2011 年競争法施行以後を第 4 期と区分して検討を行う [12]。図 2-1 は、本章で取上げるブラジル競争法の歴史的展開の全体像を示した図である。

Ⅱ. 経済法の黎明期（1934 年から 1961 年まで）

　この期間はブラジル経済法の黎明期ともいえる時期にあたる。ブラジル独立後最初に制定された 1824 年憲法の下では、大地主をはじめとする当時の特権階級の財産権を保護するために絶対的財産権の保証が憲法の基本理念とされていた [13] が、1934 年に議会で選出されたヴァルガス（Getúlio Dornelles Vargas）大統領の下で定められた 1934 年憲法によって、自由放任が原則とされていた経済に国家が介入という政策に転換されることによって、ブラジルにおける経済法の概念が形成されていった。そしてブラジル最初の経済法規といわれる 38 年公共経済統制法が制定されるが、これはやがて 1945 年法規政令第 7666 号 [14]（45 年経済秩序維持法）および 1951 年法律第 1521 号 [15]（51 年公共経済犯罪法）に分化していく。前者は、行政法規として後に 1962 年濫用禁止法に承継され、その後ブラジル競争法の中核を形成するに至るが、後者は処罰対象を個人に限定した刑事法規であり、後に 1990 年法律第 8137 号 [16]（経済秩序維持法）に承継されていく。このように行政法規と刑事法との 2 層構造からなる競争法制は、現在でも維持されているブラジル競争法制の特色のひと

---

12)　Germo Mendes de Paula, "Competition policy and the legal system in Brazil", in Cook *et. al., supra* note 1, at 110-120.

13)　Valéria Guimarães de Lima e Silva, *Direito Antitruste: Aspectos Internacionais* (Curitiba: Juruá Editora, 2006), at 285.

14)　正式には「倫理的秩序および経済秩序への侵害行為を規律する 1945 年 6 月 22 日付法規政令第 7666 号」。本法は "Lei Malaia" として知られている。

15)　正式には「公共経済侵害行為に関する現行規定を改正する 1951 年 12 月 26 日付法律第 1521 号」。

16)　正式には「租税秩序、経済秩序および消費者関係に関する犯罪行為その他を定める 1990 年 12 月 27 日付法律第 8137 号」。

つである。

1.　1934 年憲法がもたらした変革

　ヴァルガスは、1930 年の大統領選挙で敗れたが、当時の政治腐敗などに不満をもつ民衆の力を得て、軍事クーデターを成功させて政権の座についた。統一新国家建設（*Estado Novo*）を目指すヴァルガスは、1934 年に議会から認められて大統領となり、首尾一貫して革新的な労働政策を実施した。同年に、ドイツのワイマール憲法をモデルとした憲法が公布されたが、新憲法にはブラジル社会の当時の変容を反映して、「経済・社会」「家族・教育・文化」および「国家安全保障」という 3 つの章が新設されていた[17]。この「経済・社会」の章は、民族主義を意図したものであり、国家の経済的・軍事的防衛にとって重要な鉱山、地下資源、水資源の漸進的民族化が進められていく[18]。同年の憲法第 115 条は、経済秩序（*ordem econômica*）について「正義の原則と国民生活の必要性に則り構築されなければならない」と規定していたが、これは第一次大戦後のブラジル政府が、新古典派的思想に立脚して法を憲法が定める政治・経済・社会的目的達成のために活用し、経済に積極介入しようという立場を表明した規定であった。これは、従来の自由主義的政府が、当時の社会・経済的現実を重視し、法律はそれを確認あるいは容認する内容にとどめるべきと考えていた思想と対照をなすものであった[19]。その後、ヴァルガスは 1937 年憲法を制定するが、同憲法第 135 条は、イタリアにおけるファシズムの思想的影響を受けて、「国家の富の蓄積と繁栄のために私的財産権は制約を受ける」と定め、私人による経済活動の非効率を回避し、製造分野での協働のため国家は経済に介入するという憲法原則を確立した[20]。

---

17)　ボリス・ファウスト（鈴木茂訳）『ブラジル史』（明石書店、2008 年）292 頁。

18)　同上。

19)　Guimarães, *supra* note 13, at 286.

20)　*Id.,* at 287.

2. 1938 年法規政令第 869 号 [21] (38 年公共経済統制法)

　38 年公共経済統制法は、競争政策の観点から国民経済保護を定めるブラジルで最初の経済法規 [22] であり、国民経済に反する行為は刑事犯罪を構成する旨が規定された [23]。本法は、アメリカにおける反トラスト法の影響を受けており、例えば本法第 2 条Ⅴ号は、競争を排除すべく原価より低廉価格で商品を販売することは国民経済への犯罪行為であり当然違法とされる (*condenação per-se*) と規定していた。

　本法の目的は、消費者に必要な商品や原材料の制限的取引を規制することであり、①価格引き上げを目的とした消費財、生産財の破壊、②補償を考慮に入れた生産施設の廃棄に伴う生産停止、③恣意的な利潤増大を目的とした生産、輸送、商業での競争制限を企図した連合、協定、同盟、合併、④市場支配を目的とした消費財・生産財の留置および買占め、⑤競争回避を目的とした商品の不当廉売、⑥競争の排除または削除を企図した会社への経営参加、⑦抱合わせ販売、⑧商品の容量の不正表示、⑨価格統制違反、⑩高利貸しなどを犯罪と規定していた [24] (同令第 2 ～ 3 条)。なお、本法の起草者であるウングリア (Nelson Hungria) によれば、公共経済に対する犯罪は、①独占、②公共経済に対する恣意的行為、詐欺および濫用行為、および③暴利の 3 つの要素で構成される [25]。

---

21)　前掲注 7 参照。

22)　Guimarães, *supra* note 13, at 287.

23)　同令は、当時アルゼンチンで起案されたコール (Jorge Eduardo Coll) およびゴメス (Eusebio Gómes) による刑法典草案、ドイツ刑法改革委員会草案ならびにアメリカの反トラスト法の影響を受けていた (矢谷通朗「ブラジルの経済法制」(中川和彦・矢谷通朗編『ラテンアメリカ諸国の経済法制』)(アジア経済研究所、1989 年)、221 頁。

24)　矢谷、前掲注 23、220-221 頁

25)　同上。

3.　1945 年法規政令第 7666 号 [26)]（45 年経済秩序維持法）

　45 年経済秩序維持法によって、経済的な権力濫用を当然に違法なものとして刑罰を科す方針が変更され、当該行為の効果によって行政制裁を科す方針に変更された。これは、従来の競争対応方針が、そのモデルとしたアメリカにおける反トラスト法の法令・判例と必ずしも整合的でなかったという理由に基づく [27)]。さらに、当該法規政令（1945 年第 7666 号）によって、経済防衛行政委員会（*Comissão Administrativa de Defesa Econômica*）[28)] が創設された。委員会には、金融や鉱業等の分野における企業再編の審査権限など、反競争的行為の規制のみならず、独占の予防的措置として市場構造規制の権限が付与されたのである。同令は、①製品の価格引き下げ、②企業の経済活動の事由に対する制限、削減または抑制、③商工業、農業における市場独占を目的とした企業間、個人またはグループ間の協定および持分、株式、証券の取引または譲渡、提携、合併、統合による企業集中、国外のカルテル、トラストと結合した国内企業または外国企業の行為等が、国家経済および公共の利益を侵害する行為と規定していた（同令第 1 条および第 5 条）[29)]。

　しかし、同法規政令は 1945 年のヴァルガスの下野により短期間の使命を終えることになる。ヴァルガスが失脚すると、1946 年 1 月にドゥトラ（Eurico Gaspar Dutra）将軍が民主社会党（PSD）から大統領に就任した。ドゥトラは民主化政策を採り、1946 年に三権分立と大統領直接選挙を定めた新憲法が制定された。本憲法は、1937 年憲法を廃止して自由主義と民主主義を取り入れた憲法であった [30)]。本憲法の下で、ブラジルは大統領制をとる連邦共和国と規定された。また、鉱物資源と電力の開発についての規則が定められていた。

---

26)　前掲注 14 参照。

27)　Guimarães, *supra* note 13, at 289.

28)　この委員会は現在ブラジル競争法の執行を担う経済防衛行政審議会（CADE：*Conselho Administrativo de Defesa Econômica*）の前身となる組織である。

29)　矢谷、前掲注 23、221-222 頁。

30)　ファウスト、前掲注 17、332 頁。

この時期に着目すべきは、1948 年に「経済力の濫用の抑制を規律する第 122 号法案」が起案された事実である。同法案は、1962 年の経済力濫用禁止法の礎となっていく [31]。

4. 1951 年法律第 1521 号 [32]（51 年公共経済犯罪法）

1938 年法規政令第 869 号の下では、違反行為者に対する罰則とならんで法人が違反行為を行った場合の罰則についても規定されていた（同令第 5 条）が、公共経済犯罪法は、1938 年令とほぼ同類型の禁止行為を規定しつつ、その処罰対象は行為者個人であり、それを刑事手続によって処罰すると規定していた。第 2 条違反者（取引の差別的待遇や商品重量・品質の不正行為等）に対しては 6 月以上 2 年以下の罰則が、また第 3 条違反者（カルテルなどの不正な利益を追求する行為者）については 2 年以上 10 年以下の禁錮刑のほか罰金が規定されていた。

51 年公共経済犯罪法が規制対象としている違反行為の多くは、後述する 1962 年濫用禁止法の規制対象と重複する。しかし、上記の通り 51 年公共経済犯罪法は違反行為者個人を規制対象としているのに対し、1962 年濫用禁止法は、適用対象を法人および管理役員による違反行為に限定していると解されている [33]。経済秩序違反行為に関する行為者に刑事罰を科す 51 年公共経済犯罪法は、後に 1990 年法律第 8137 号 [34]（90 年経済秩序維持法）に承継される [35]。

ちなみに 90 年経済秩序維持法は、同法第 1 〜 2 条が規定する競争法違反者に対して刑事制裁を科す法律として現在も効力を有する。つまり、行政法規としての競争法と違反行為者を処罰する刑事法との 2 層構造は現代に至るまで承

---

31) 矢谷、前掲注 23、145 頁。

32) 前掲注 13 参照。

33) 矢谷、前掲注 23、233 頁。

34) 前掲注 16 参照。

35) 法律 8137 号によって事実上法律第 1521 号の適用は停止された。Eugênio Pacelli de Oliveira, in *Curso de Processo Penal, 4. Ed.*（Belo Horizonte: Del Lei, 2005）, at 635 参照。

継されている。

Ⅲ. 第 1 期 (1962 年〜 1989 年) の競争政策と法

　1945 年法規政令 7666 号は、ほとんど運用されることなく第二次大戦直後に
発足したドゥトラ政権によって廃止された。ドゥトラ政権は民主化政策をと
り、1946 年に三権分立と大統領直接選挙を定めた新憲法が制定された。同憲法
第 148 条は、「国内市場の支配、競争の排除および利益の恣意的増加を目的と
する個人またはあらゆる種類の会社の結合または団体を含むあらゆる経済力の
濫用は法律でこれを抑制する」と規定していた。1948 年には、当時法務大臣で
あったマガリャンエス (Agamemmon Magalhães) により、アメリカの先例
を参照しつつ、1945 年法規政令を基礎として、経済力濫用の抑制を規律する法
案第 122 号が国会に提出された [36]。この法案のもとでは、違反行為について、
行政手続によって処理した後に、裁判所の司法手続を通じて制裁の執行手続が
とられる仕組みが採用されていた。しかし、1938 年政令第 869 号 (38 年公共
経済統制法) の違反行為に対する刑事手続処理との抵触問題などから国会の審
議は紛糾した。その後もアメリカの反トラスト法の強い影響を受けつつ法案作
成作業が進められたが、1962 年 9 月に革新的色彩の強いゴラール政権の下でよ
うやく 1962 年濫用禁止法が成立した。しかし、当時は競争の振興よりも、国
営企業を中心とする国内主要産業の育成に政策の重点がおかれ、同法の執行は
極めて限定的であった。

1.　1962 年法律第 4137 号 [37] (62 年濫用禁止法) 制定の背景

　1961 年に連邦議会は大統領制に代えて議院内閣制を採用 [38] し、大統領の権
限は縮小されたが、そうした中でゴラール (João Belchior Marques Goulart)

---

36)　矢谷、前掲注 23、222-223 頁
37)　前掲注 10 参照。
38)　憲法の規定により副大統領であったゴラールが大統領に就任するのは必然であった

は大統領に就任した。ゴラール政権の発足当時は、都市の成長や急速な工業化によって社会構造に変化が生じ、農畜産市場が拡大する中で土地所有者は、小作人を追い出し労働条件を切り下げるなど、土地の収益性の向上につとめた結果、極端な抑圧状態におかれた農民に強い不満が生じていた[39]。そして社会運動と社会的圧力の高まりの中で、ゴラール大統領によって社会的・政治的改革（基盤改革と称された）が推進されたが、民族主義的な政策を掲げるとともに、公益企業、冷凍食肉企業や製薬企業の民族化、対外送金の規制強化、ブラジル石油公団（ペトロブラス）の独占の拡大など、国家の経済への幅広い介入が予定され、総じて国家の主導による資本主義経済の近代化と、深刻な社会格差の改善が政策目標とされていた[40]。このゴラール政権の下で、最終的に1948 年の法案第 122 号は、経済力濫用禁止法（1962 年法律第 4137 号）として成立した。本法は、革新色が強かった労働党のゴラール政権の下で制定されたために、産業界からは強い反発を受けた模様である[41]。

　1964 年の軍事クーデターによりブラジルは軍事政権による統治下におかれることになるが、軍事政権はその権力を維持するために、経済政策に比重を置いた。法律第 4137 号（62 年濫用禁止法）は経済力の濫用を規制するものであり、同法の下で執行機関として経済防衛行政審議会（*Conselho Administrative de Defesa Econômico：CADE*）が創設された[42]。CADE は、1967 年 6 月 26 日付政令第 60901 号によって、法務省の従属機関（*orgão subordinado*）[43] となったが、1975 年 10 月 2 日付政令 76387 号によって、法

　が、ゴラール大統領による左傾化を防ごうとする軍部の圧力の下で連邦議会は、議院内閣制の導入により妥協を図った。したがって、議院内閣制は一時的なものに過ぎず、1963 年の第 6 次憲法改正によって大統領制に復帰した。

39）　ファウスト、前掲注 17、367 頁。

40）　同上、371 頁。

41）　矢谷、前掲注 23、145 頁。

42）　議院内閣制の下で、CADE は当初閣僚審議会（*Conselho de Ministros*）の直属機関であったが、1963 年には大統領制が復活し大統領直属の機関となった。

43）　1967 年 2 月 25 日付政令第 200 号により連邦行政組織が改組されたことに伴う変更である。

務省に属する合議機関（*orgão colegado*）とされた[44]。

　1963 年から 1990 年までの 37 年間で、この審議会において 337 件の行政手続きが開始されたが、処理されたのは 117 件のみであり、また行政制裁が下された事例は 16 件のみであった[45]。そして、同法およびその後の改正規定は、94 年競争法の成立によってすべて廃止された（94 年法第 92 条）。

　1964 年にアメリカ合衆国の支援するカステロ・ブランコ（Camilo Ferreira Botelho Castelo-Branco）将軍は、クーデターによってゴラール政権を打倒し、軍事独裁体制を確立すると、親米反共政策と、外国資本の導入を柱にした工業化政策を推進した。この軍政の時代に「ブラジルの奇跡」と呼ばれたほどの高度経済成長が実現したが、1973 年のオイルショック後に経済成長は失速し、さらに所得格差の増大により犯罪発生率が飛躍的に上昇した。また、軍事政権による人権侵害が大きな社会問題となったのもこの時期にあたる。

　1974 年に将軍から大統領に就任したガイゼル（Ernesto Beckmann Geisel）は国民的な不満を受けて軍政の路線転換を行い、1979 年に就任したフィゲレード（João Baptista de Oliveira Figueiredo）大統領は民政移管を公約した。その後、サルネイ（José Sarney de Araújo Costa）が大統領に就任したが、この際に新憲法を立案する議会招集のための総選挙を行い 18 か月の審議の後、新憲法が発布された。政策では累積債務対策と経済再建策で失敗し 1987 年 2 月に中長期債務の利払い中止の宣言を行ったことで、国際的信用を失った。同政権のとったその後の経済政策も失敗に終わるが、やがて 1990 年代に入り経済政策の大転換期を迎えると共に、ブラジル競争法についても世界水準の法制度構築に向けて改正作業が進められた。

---

44)　矢谷、前掲注 23、145–146 頁。

45)　Guimarães, *supra* note 13, at 293.

2. 1962 年濫用禁止法による規制

（1） 規制対象となる行為について

　同法第 2 条は、62 年濫用禁止法の下での禁止行為を規定しているが、これらを大別すると、以下に述べるとおり、①カルテルをはじめとする競争制限的協定、②独占行為および③不公正な競争方法に分類される。

① 競争制限的協定：国内市場を支配し、または競争を排除する企業間などの協定または合意を経済力濫用行為と規定している（第 2 条 1 項（a））。この協定には競争者間の水平的協定に限られずに、垂直的協定も含まれている。当時の審決例によると、この種の協定の反競争性の判断に際しては、いわゆる合理の原則（*rule of reason*）が適用されていたという[46]。また、価格差別や抱合せ販売も同項の下で違法とされる。

② 独占行為：例えば企業活動の停止や株式取得など、一定の方法による独占行為および企業集中によって、国内の市場を支配し、または競争を排除する経済力の濫用は禁止される（第 2 条 1 項（c）（d）（e）（f）（g））。ここで独占状態とは、ある企業または企業集団が一定の在または役務の精算、配給、提供または販売で、その価格に圧倒的な影響を及ぼす程度に支配する状態であり、当時の審決例では、市場において少なくとも 75 ～ 80％を支配している場合は、独占状態にあると判断された模様である[47]。第 2 条 2 項は、自然独占および事実上の独占の場合には、生産が増加されることなく、利益を恣意的に増加する意図をもって、価格を正当な理由無く引き上げることを違法としている。

③ 不公正な競争方法：濫用禁止法第 2 条 5 項は、宣伝広告における排他性の要求、または公共入札の際の事前の価格協定または利益の調整により不正競争を行うことを禁止している。

---

46) 矢谷、前掲注 23、225 頁。
47) 同上、226 頁。

（2）　規制手続と制裁

　濫用禁止法の違反事件については、経済防衛審議会による①審査（*sindicância*）[48]、②予備調査（*averiguação preliminar*）、および③行政手続（*processo administrativo*）を経た後に、裁判所が審議会の審決を執行する司法手続という2段階構造を有していた。検察局は、予備調査および行政手続に立ち会い、申立理由を全体会議で擁護し、行政手続が終了すると、委員会はその審決ととるべき措置を検察庁（*Ministerio Público*）に通知する（政令第8条）。もし経済力濫用行為が認定された場合は、当時者は民事および刑事の責任から免れることなく、①罰金、②裁判所による監督、または③裁判所による清算の制裁措置に服することになる（政令第3条）。なお、1951年法は違反行為者個人を規制対象としているのに対し、1962年濫用禁止法は、適用対象を法人および管理役員による違反行為に限定していると解されている点は既に述べた通りである。

　1986年の政令第92323号第14条は、審査手続に先立つ協議制度を創設した。この制度は、当事者が審議会に対して、特定の行為が経済力の濫用行為を構成するか否かの判断を求めるものである。なお、濫用禁止法第20条は、濫用行為によって損害を被った者に対し、損害賠償請求の権利を認めている。

3.　産業の統制（合併規制）

　当時のブラジルでは、公私混合会社（*sociedade de economia mista*）と称される株式会社形態の国営会社が、経済部門で大きな役割を負っており、当時の国内総生産の内40％を国営会社が担っていた[49]。また、鉱業、水資源開発、石油、核エネルギーなどの各産業も国家の管理下に置かれており、政府は国内経済の発展に向けて、国内企業の育成と強化に尽力していた。これらの産業政策の内、特に競争政策に関連するものが企業合併委員会（*Comissão de Fusão*

---

48)　1986年政令第92323号で新たに規定された手続。

49)　矢谷、前掲注23、231頁。最大の国営企業はブラジル石油公社（Pétrobras）であった。

e Incorporação de Empresas：COFIE）による国内企業の合併の促進措置[50]
であった。COFIE は、大蔵省の管轄下におかれ合併の認可を行うほか、合併
促進を目的とした税制恩恵の賦与に関する権限を有していた。COFIE による
合併承認は、ブラジルの国内経済の利益に合致する限りにおいて、62 年濫用
禁止法に違反しないものとみなされていた。

Ⅳ. 第 2 期（1990 年〜 1993 年）の競争政策と法

　1988 年憲法は、1985 年の民政移行後に公布されたはじめての憲法であるが、
同憲法によって法治主義的民主主義国家への復帰が果たされた[51]。その第 170
条は、自由競争が憲法上保障される経済原則と定められ、その下での経済秩序
の確立が必要とされた[52]。同憲法第 173 条第 4 項は、「法律は、市場支配、競
争の制限または利益の恣意的な増加を目的とする経済力の濫用を禁止する」と
規定し、同条第 5 項は、「法律は、法人の経営管理者の個人的責任を妨げるこ
となく、法人の責任を定め、経済および金融の秩序ならびに公共経済の違反行
為に対して、法人はその性質と矛盾しない刑罰に服する」と規定している。さ
らに第 174 条本文は、「経済活動の規範的および規制機関として、国家は法律
に従い、監査、奨励および計画の職務を実施する。ただし、計画は公的部門に
対しては確定的であり、また私的部門に対しては指示的なものとする」と規定
している。

　この時期（1990 年〜 1993 年）には、62 年濫用禁止法、90 年経済秩序維持
法、および 1991 年法律第 8158 号（91 年競争法）という 3 つの関連法規が併
存することにより、複数の法律が違法な競争制限行為を規定する状況に起因
して 1990 年代初頭から様々な問題が生じてきた。そこで、1994 年に法律第
8884 号（94 年競争法）が制定され、同法は 62 年濫用禁止法と 91 年競争法を
廃止し、1990 年経済秩序維持法の一部改正を行うことにより競争法制を統合・

---

50)　1971 年 7 月 16 日付政令第 1182 号。

51)　ブラジル日本商工会議所編『現代ブラジル事典』（新評論、2005 年）398 頁。

52)　Guimarães, *supra* note 13, at 294.

整備した。

1.　1990 年法律第 8137 号 [53)]（90 年経済秩序維持法）

　1988 年憲法の公布によって、ブラジルの競争法秩序は変容を遂げる。1951 年法律第 1521 号（51 年公共経済犯罪法）は、1990 年法律第 8137 号（90 年経済秩序維持法）に承継された。本法は、前述の通り国家の経済秩序に反する行為は犯罪を構成すると定め、違法行為者個人を処罰するための刑事法規である。

　後に 2011 年競争法によって経済秩序維持法は一部改正される [54)]。以下に改正後の経済秩序維持法が規制する違反行為を示す。

　　第 4 条 I 号：市場を独占し、または企業間でいかなる形態であれ、調整または合意によって競争のすべてまたは一部を排除することにより経済力を濫用する行為。

　　同条 II 号：下記を目的として申込者間で合意、協定または同盟を形成すること。

　　a）価格または販売・製造数量を人為的に設定すること。

　　b）企業または企業集団間で市場分割を行うこと。

　　c）販売または供給ネットワークを競争制限的に支配すること。

　上記規範に違反したものには、2 年から 5 年の禁錮刑 [55)] および罰金 [56)] が科される（同条）[57)]。

---

53)　前掲注 16 参照。90 年経済秩序維持法は 2011 年競争法の下で一部修正されたが同法の効力は現在も継続している。

54)　2011 年競争法第 116 条。

55)　4 年以下で再犯でない場合に適用される禁錮刑（*reclusão*）には、開放処遇刑（*regime aberta*）が適用される（ブラジル刑法 — 1940 年 12 月 7 日付法規政令第 2848 号 — 第 33 条）。

56)　90 年経済秩序維持法では禁錮刑または罰金と規定されていたが 2011 年競争法による 90 年法の改正により、下線部が「および」と規定された。

57)　改正前の 90 年経済秩序維持法では、上記第 4 条 I 号については、a）から f）に例示

　なお、90年経済秩序維持法について当局の執行は、カルテルに限定されているといわれている[58]。しかし、第4条第Ⅰ号や同Ⅱ号 c）は、必ずしも伝統的なカルテルの概念には含まれない行為類型が見いだされる。

2.　1991年法律第8158号（91年競争法）

　1991年には、62年経済力濫用禁止法の制定から約30年を経て、新たに競争法（1991年競争法）が制定され、本法は、ブラジルで初めての競争法規（*a lei concorrencial*）とも言われている。これはブラジルにおける経済政策が輸入代替経済政策から開放経済に移行し、新しい経済秩序との法制度の調和が求められた結果である[59]。同法により、経済法務局（*Secretária Nacional de Direito Econômico*：SNDE）が法務省管下に設置され、62年濫用禁止法の下では、1案件あたり約2年を要していた案件処理期間の短縮・効率化が図られた。

　しかし、1991年競争法の下でも、62年濫用禁止法は効力を継続し、さらに1990年経済秩序維持法が存在することにより、それぞれの法的規範が競合するという問題が生じた。つまり、91年競争法が経済秩序の違反行為を規制し、

　規定が置かれていたほか、第Ⅲ号は価格差別を、第Ⅳ号は独占または競争制限を目的とする製造・消費財の独占等を、第Ⅴ号は正当な理由のない価格上昇を、第Ⅵ号は低廉販売行為を、そして第Ⅶ号は正当な理由のない価格上昇を、それぞれ禁止していたが、2011年法の下で削除された（2011年法第116条）。また、90年法第5条に規定する宣伝広告の独占的配給や抱き合わせ販売行為等、および第6条に規定する統制価格を超えた価格での販売行為などについて、90年法の下では刑事罰（第5条の違反行為については2年から5年の禁錮刑または罰金。第6条の違反行為については1年から4年の禁錮刑または罰金）が適用されることとされていたが、2011年法によって削除された（同法第127条）。

58)　Marco Botta, *Merger Control Regimes in Emerging Economies*（Alphen aan den Rijn: Kluwer Law International, 2011), at 32.

59)　Guimarães, *supra* note 13, at 295. 91年競争法の正式名称は「競争を防御するための規範を制定しその他の措置について定める1991年1月8日付法律第8158号」。

62 年濫用禁止法が経済力濫用を規制し、90 年経済秩序維持法が、経済秩序違反に対する刑事罰を規定することによって、全体として規範の整合性を維持することが困難に至った[60] ので、政府は早急にこれらを包括する競争法の必要に迫られる。そうした経緯から 94 年競争法が制定され、64 年濫用禁止法は、同法によって廃止されるが、90 年経済秩序維持法は、94 年競争法と併存する結果となった。

V. 第 3 期（1994 年〜 2010 年）の競争政策と法

コロール（Fernando Collor de Mello）は 1989 年に大統領に就任し、新自由主義構想に基づく政策に着手したが、汚職問題から 1992 年に議会によって大統領職を解任されたので、ワシントン・コンセンサスの柱であった経済開放、民営化、国家の規模縮小、規制緩和という目標を完遂できなかった。その後任にはフランコ（Itamar Franco）副大統領が昇格し、1992 年 10 月から 1994 年 12 月まで政権を担ったが、同政権は、貿易自由化、規制緩和、民営化に舵を切り、ブラジル経済を活性化させた。この政権の下で経済大臣を務め、次いで 1994 年に大統領に選出されたカルドーゾ（Fernando Henrique Cardoso）は、1994 年 7 月にレアルプラン（*Plano Real*）を導入した。同プランは、ブラジルの当時の特有の経済環境に併せて、①財政の大幅な調整、②市場による「自発的な」仮想通貨価値単位の利用による相対価格の調整, 新通貨の導入、③貿易の自由化と新為替政策、という政策の組合せを用いた、極めて画期的な価格安定化政策であった[61]。競争政策という面では、従来の輸入代替経済政策から市場開放政策への転換により、国内における公正な競争の確保の重要性が政府によって強く認識されることになる。その背景としては、従来は、国営企業、外資および国内資本という 3 極構造であった国内産業構造が、民営化の推進と市場開放によって外資と内資の 2 極構造に変化した事実が重要である。

---

60)　*Ibid.*

61)　中谷恵一「ブラジル：レアル・プラン以降の経済安定化政策の評価と課題」（開発金融研究所報 31 巻、国際協力銀行開発金融研究所、2006 年 9 月）62 頁。

政府は、外資と対峙し国内市場における公正な競争の下で自国産業育成を図るためにも競争法の整備が喫緊の課題と認識するに至った。

1994年競争法（法律第8884号）[62]の登場によって、それまで刑法学の観点から議論されてきたブラジル経済犯罪法は、経済法の領域における競争法研究に重点が推移したといわれている[63]。また、1994年法は、62年濫用禁止法の下で組織された経済防衛行政審議会（CADE）を独立行政機関として改組した。

また、CADEは1990年代後半から2000年代初頭にアメリカ司法省の支援を得て、カルテル摘発プログラムの質を向上させたが、現在はチリやアルゼンチンに上記の技術を供与している。また、海外の競争法執行機関との提携も強化しており、同国はアメリカ（2003年）、アルゼンチン（2003年）、ポルトガル（2005年）、カナダ（2008年）、チリ（2008年）、ロシア（2009年）およびEC（2009年）等とそれぞれ独禁協定を締結している他、2014年には日本国公正取引委員会と協力に関する覚書を取交わした。

さらに、国際競争ネットワーク（*International Competition Network*：ICN）は、世界各国の競争機関で構成される情報共有と競争分野における国際協力に向けた国際機関であるが、ブラジルはICNに積極的に参加し、議長国もつとめたほか、2012年にはリオデジャネイロで第11回年次総会を開催するなど国際協力に向けた積極的取組みが注目される。

その後、2000年法改正によりLeniency制度が導入され、また2007年法改正によりCADEと被審査当事者間の和解制度が導入されるなど、近代的競争法制の骨格が固められてきたが、他方で競争法執行機関の分権化による手続きの遅延・停滞や執行機関における専門職員の欠如など深刻な問題も指摘されてきた[64]。なぜなら、94年法の下では、CADEの他に、法務省に属する経済法

---

62) 前掲注11参照。

63) Guimarães, *supra* note 13, at 309-310.

64) Organisation for Economic Co-operation and Development（OECD）, *Competition Law and Policy in Brazil*（2010）, at 72-74.

務局（*Secretaria de Direito Econômico*：SDE）および財務省に属する経済監督局（*Secretaria de Acompanhamento Econômico*：SEAE）の３つの執行機関がそれぞれ業務を分担していて、効率的な業務遂行の障害となっていたのである。なお、SDE とは 91 年競争法により創設された SNDE が改組された組織である。そこで、94 年競争法の改正に向けての作業に着手され、2004年に改正法案第 3937 号が成立した。その後、本法案は約 7 年間の国会における議論を経て、2011 年 11 月 30 日に法律第 12529 号として成立した。

1. 1994 年法の概要

（1）　競争制限的行為の規制

　94 年競争法は、欧州連合（European Union: EU）の競争法（EU 競争法）の影響を受けて競争制限的行為の構成要件を厳格に規定することなく、違法行為を例示することにより柔軟な法概念を導入したと言われている[65]。1994 年法第 20 条本文は、「経済秩序に対する侵害は、過失の有無にかかわらず、未遂のものも含め、以下を目的とする行為あるいはその効果を生む可能性のあるあらゆる形態の行為で構成される」と規定し、①自由な競争または自由な起業を制限もしくは歪曲し、またはその他いかなる方法であってもそれらを阻害すること、②財またはサービスに関わる市場を支配すること、③恣意的に利益を拡大すること、および④支配的立場を濫用することを例示している。また、同法第 21 条は、24 の行為類型を経済秩序に反する行為であると例示している。

　1999 年の CADE 決議第 20 号[66] は、水平的競争制限行為について、同一市場の競争者間で価格などの条件を合意することや略奪的価格設定を行うなど、形態の如何を問わず市場における競争の制限を行うことであり、何れの場合であっても、カルテル参加者が総体として、もしくは個別に、市場における支配

---

65)　Ana Maria de Oliveira Nusdeo, *Defesa da Concorrência e Globalização Econômica*（São Paulo: Malheiros, 2002）, at 70.

66)　Resolução no. 20, de 9 de junho de 1999.

力を増大させ、もしくはそれらによる市場支配を容易にするものであると定義
している[67]。そして、カルテルについては、同一市場における競争者間の明
示的もしくは黙示的合意であり、関連市場の重要部分について、価格、生産・
販売割当、地域分割などの合意を通じて、独占的レベルに向けた価格や利益の
上昇を図る行為であると説明している（決議第20号 A.1 項)。その他、カル
テル以外の企業間の関連市場の一部に関する合意であっても水平的競争を制
限するものや、特に生産や技術の効率化を図るための一時的共同行為水平的競
争制限行為に該当する可能性があるが、これらについては合理の原則に基づい
て慎重な分析が要求されると説明されている[68]。その他、競争を制限する目
的での略奪的価格設定も水平的競争制限行為であると規定されている（同 A.4
項)。さらに決議第20号は、垂直的競争制限行為について、再販売価格の固定
行為、地域・顧客制限行為、排他的取引行為、取引の拒絶、抱合わせ販売、価
格差別を例示している（同 B 項)。

（2）　企業結合規制

　いかなる方法であるかを問わず、自由競争を制限または阻害するおそれのあ
る行為または商品もしくは役務の関連市場の支配をもたらすことになるすべて
の行為は、CADE の審査に付されなければならない（第54条主文)。これに
該当する行為は、新設合併・吸収合併・複数の企業を支配するための会社の設
立等、経済力の集中を意図するすべての行為である。事業者またはそれが参加
するグループが関連市場の 20％を支配することになる場合またはいずれかの
当事者の前年度の貸借対照表上の総売上高が 4 億レアルに相当する場合である
（第54条第3項)。これらの行為は、事前に、または実行されてから 15 日営
業日以内に SDE に届出が必要である（第54条第4項)。

　CADE が審査を行って当該行為を承認するために必要となる要件は、①累
積的にまたは選択的に、(i) 生産性を向上させること、(ii) 商品または役務の

---

67)　*Id.*（Anexo I, A.)

68)　*Id.*（Anexo I. A.2).

品質を向上させること、(iii) 効率性の増大および技術または経済の開発促進
を目的とすること（第54条第1項I号）、②企業集中行為によってもたらされ
る利益が当事者間のみならず消費者または最終利用者間にも公平に分配される
こと（同II号）、③商品または役務の関連市場における競争の実質的な部分が
排除されないこと（同III号）、④企業集中行為の意図した目的が達成されるた
めに必要な制限が厳格に守られていること（同IV号）である。また、上記の
4条件のうち、3つ以上の条件を満たす行為であって、公共の利益のために行
われ、または国内経済にとって必要とされ、消費者またはエンドユーザーに損
害を及ぼさないものについてのみ適法と判断される（第54条第2項）。他方、
以上のような要件を満たさず、CADEが承認しない企業集中行為は、経済秩
序に悪影響が及ばない程度にまで解体され得るとされている（第54条9項）。
なお、2001年にはSEAEとSDEによる共同命令第50号が発布され、水平的
企業結合のガイドラインが定められた[69]。

（3）Leniency 制度の導入

　2000年改正法により、アメリカやEUにおける経験を参考にして[70]、
Leniency制度が導入された[71]。SDEによってLeniencyの適用が認められた
場合、適用対象となる企業および個人は、制裁措置の免除または3分の1から
3分の2の減額を受けることができる（第35-B条）。ただし、違反行為の首謀
者である企業および個人は適用対象とならない（第35-B条第1項）。

（4）和解制度の導入

　2007年改正法により、カルテル事案に関する和解制度が導入された。
CADEは、94年競争法の保護法益に該当すると判断する場合、行為の中止の

---

69)　Portaria Conjunta SEAE/SDE No. 50 de 01.08.2001（Guia para análise econômica de atos de concentração horizontal）.

70)　Leopordino da Fonseca, *O Cartel-Doutrina e Estudo de Casos*（Belo Horizonte: Mandamentos, 2008）, at 82.

71)　2000年の法律第10149号により導入された94年競争法第35-B条および第35-C条。

確約を得ることができる（第 53 条）。その合意には、行為を中止するための義務や確約された義務に違反した場合の制裁等を定める必要がある（第 53 条第 1 項）。CADE は、1990 年法第 53 条第 9 項に基づき、2007 年 9 月に決議第 46 号を採択し和解に関する規則を定めた。

2. 1994 年競争法の執行状況

　2003 年以前は、CADE を中心とするブラジル執行機関の活動の多くは、企業集中規制への対応に向けられていた[72] が、2003 年以降はハードコア・カルテルの摘発を最優先課題として摘発に取り組んでいる。2010 年度には、単一の企業に対して 10 億レアルの制裁金支払いが命じられたほか、2010 年度までに 250 人以上の会社役員が刑事手続に直面した[73]。こうしたブラジルにおけるカルテル規制の執行強化と厳罰傾向は、世界からの注目を集めた[74]。これは、94 年競争法の改正によってブラジルにおける執行機関が、dawn raid（強制調査）の権限が認められ、また Leniency 制度が導入されたことも原因であるが、経済法務局（SDE）が司法機関との連携を強化して、摘発強化に注力した成果が強く影響している[75]。

　2008 年にはサンパウロ州検察庁は、カルテル摘発のための特別組織を組成し、SDE との連携を強化した。また、2009 年に SDE は、行政機関および刑事機関からなる恒久的フォーラムを形成して、国家反カルテル戦略を構築していた。

---

72)　Mariana Tavares de Araujo & Ana Paula Martinez, *Brazil's Anti-Cartel Enforcement: Preparing for the Future*, Competition Law International（April 2011）, at 54.

73)　*Id.*, at 50.

74)　OECD, *supra* note 64.

75)　Tavares de Araujo & Martinez, *supra* note 72, at 51.

3. 1994 年競争法に基づく企業結合規制の問題点

　1994 年競争法の下では、1962 年濫用禁止法にはみられなかった企業結合審査に関する規則が定められた[76]。しかし、本法が定める企業結合規制については以下の通り様々な問題が指摘された。

（1）　CADE に申告すべき事業者間の合意

　1994 年法第 54 条本文は、「自由競争を制限もしくは損なういかなる形態の行為も、または特定の製品または役務の市場を支配するに至るいかなる形態の行為も、CADE の審査を受けなければならない」と定め、また同条第 3 項は、「本条本文の行為には、経済的集中を意図するいかなる行為も含まれる」と規定していた。さらに、同法第 54 条第 3 項が、「経済集中」（*concentração econômica*）とは何を意味するのか明確に定義していないという問題もあった。これらの条文から、CADE への届出が必要な取引とは、必ずしも企業結合に関する契約に限定されず、関連市場に影響のあるすべての事業者間の合意が対象とされた。かかる状況下、実務的には取引当事者となる各企業が、その合意内容について競争に与える影響を自ら分析し、当事者が第 54 条の要件に該当すると判断した場合にのみ CADE の審査に付されるものとされた[77]。1994年法第 54 条は、1962 年の欧州合併規則第 17 号[78] を参考にした手続であるとされるが、ブラジル法に受容された段階から、輸入代替経済政策を推進してきた国家経済介入主義の影響が色濃く反映されたといわれる。国家介入主義の下では、いかなる企業集中も原則として自由市場に対する弊害を形成すると考えられてきたのである[79]。

---

76)　Botta, *supra* note 58, at 136.

77)　A. Carvalhaes Ribeiro, "Critérios Para A Apresentação De Transações Internacionais Ao CADE", *Revista Do IBRAC* 11, no. 2（2004）, at 164.

78)　EEC Council Regulation n. 17, OJ 13, 21 Feb. 1962.

79)　J. I. Gonzaga Franceschini, "Conditions Imposed by the CADE to the Clearance of Mergers: a Mistaken Paradigm", *Boletín Latinamericano de Competencia* 19（2004）, at 67.

　第54条の運用に関するCADEの判断基準は、過去において必ずしも一貫していない[80]。例えば、企業再編のための株式取得等に関して、1994年から96年にかけてCADEは94年競争法上の届出は不要であると判断していたが、その後方針を変更した。しかし、2007年に公表された法解釈基準[81]によって、既存の支配株主が少数株式を取得する場合、CADEへの届出は不要である旨を明らかにした。また、ジョイント・ベンチャーについて、CADEは届出が必要であると判断しており、この方針は2002年まで維持されたが、2002年のSDEおよびSEAEの共同命令[82]によってファースト・トラックにかかる取引類型が規定され、その第Ⅱ（b）項には、フル・ファンクションのジョイント・ベンチャーおよび協業的ジョイント・ベンチャーがファースト・トラックによって処理される取引としていた。

　なお、2011年法の下では、届出が必要な企業結合は、経済的集中に限定されている（同法第90条本文）。

（2）CADEへの申告を必要とする事業者の規模

　CADEに申告が必要な事業者間の合意として、94年法第54条第3項は、市場比率と事業者規模の2つの基準を規定していた。つまり、関連市場における市場比率が20％以上で、かつ当事者が前営業年度において4億レアル以上の総売上を計上している場合に申告が必要とされたのである。しかし、これらの基準は次の諸点について曖昧であると批判されていた[83]。まず、20％の関連市場における占有比率であるが、これは当事事業者のいずれかが関連市場において20％以上の占有比率を有している場合であるのか、企業集中の結果として20％を超えることになる場合を示しているのか明確ではなかった。前者であれば、すでに市場において20％の市場比率を有する事業者が、競争に

80）　T. Nogueira Da Cruz Lima, *O CADE e as Restruturações Societárias* (São Paulo: Singular, 2006), at 42.

81）　Sumúla de CADE no. 2 (*Diário Oficial da União*, 27 de agosto de 2007).

82）　Portaria Conjunta SDE/SEAE no. 72 de 20 de dezembro de 2002.

83）　Botta, *supra* note 58, at 137.

影響を与えない程度の小規模な企業統合を行った場合でも CADE に対する申告が必要となる。また、4 億レアルの総売上基準についても、これは統合する事業者の売上げか、または統合される事業者のものか、さらにはこれら事業者の総売上を合算した金額であるのか不明であると批判された。CADE の上記基準に関する解釈は、つねに変動しているといわれる[84]。2011 年法の下では、市場支配率基準は廃止され、当事者の売上げ規模に関しても明確な規定がおかれた（同法第 88 条本文）。

（3）　届出のタイミング

　94 年法第 54 条第 4 項は、事業者は取引が「実現」（*realização*）した日から 15 日以内に SDE に申告しなければならないと規定するが、この「実現」という概念が当事者間の合意日を意味するのか、または株式などの譲渡にかかる実行日を意味するのか不明確であると批判されていた[85]。1994 年法第 54 条第 7 項が、CADE による承認は取引実現日に遡及して効力を有すると規定していることや、また同条第 9 項が CADE は合併審査の結果、対象となる取引が競争制限的であると判断した場合には、当該事業者がすでに実行している企業集中を中止させる権限を有していると規定していることなどから、1994 年法の下では事後申請制度が採用されたものと解釈され、また現実にほとんどの企業集中行為は CADE による最終判断が下される以前に実行されていた[86]。

（4）　合併審査基準

　1994 年法第 54 条第 1 項において、CADE は企業集中等の行為（第 54 条本文の行為）について、以下の条件を満たしている場合は許可することができると定め、4 つの場合を掲げているが、以下の 3 つ以上の基準を満たしていれば CADE は当該行為を承認することができる（同条第 2 項）。

84）　*Id.,* at 154.

85）　*Id.,* at 138.

86）　*Id.,* at 139.

①　累積的あるいは個別に、以下の事項を目的とする場合

　　a）生産性を向上させる。

　　b）財またはサービスの質を向上させる。

　　c）技術的または経済的な効率または発展を促進する。

②　生じる利益が、競争参加者側にとっても消費者またはエンドユーザー
　　側にとっても均等に配分される場合

③　財またはサービスに関する市場の重要部分における競争の排除を伴
　　わない場合

④　上記の目標達成に必要な限度が厳格に遵守されている場合

　上記規定は、EU 競争法第 101 条第 3 項に類似している。94 年競争法は、EU 競争法をモデルとしながらも、国家経済介入主義の影響を強く受けてブラジル法特有の発展を遂げた[87]。まず、EU 競争法第 101 条第 3 項は、同第 101 条 1 項に規定するカルテルなどの違法行為についての規定であり、企業集中審査に関する審査基準ではない。アメリカ独禁法や EU 競争法では、*substantial lessening of competition* テストなどの審査基準が採用されているが、94 年競争法では企業集中に関する審査基準は確立されておらず、同第 54 条第 2 項は、むしろ企業集中審査において CADE が承認する前提条件を構成する規定となっていた。

（5）　審査期間

　1994 年法の下では、集中取引はまず SDE に届出られ、その後 SEAE および CADE に回付されるが、SDE および SEAE は、それぞれ 30 日以内に非拘束的な意見を CADE に提出することになっている[88]。CADE は、60 日以内に審査を完了する必要があった[89]。以上の合計は 120 日間となるが、これら審査機関が必要と判断した場合は、当事者は追加資料を提出する義務があり

---

87)　Gonzaga Franceschini, *supra* note 79, at 103.

88)　94 年競争法第 54 条第 6 項。

89)　同上。

（第 54 条第第 8 項）、こうした追加資料について審査機関が審査する期間的制約は定められておらず、またどのような追加資料が要求されるのか規定されていないという問題が残されていた。

VI. 第 4 期（2011 年以降）の競争政策と法

前記の 1994 年競争法に関わる問題点は、経済協力開発機構（OECD）による Peer Review においても指摘されていたこともあり、政府は改正作業を開始した。そして、2011 年 11 月 30 日にルセフ大統領（当時）は、法律第 12529 号 [90] を裁可し、2011 年競争法は 2012 年 5 月から施行された。同法は、94 年競争法をその一部を除いて廃止し、新たなブラジル競争保護システムを構築すると共に、企業合併や合弁事業などの企業集中については事前届出制を導入した。

ブラジル工業連盟（*Confederação Nacional da Indústria*）は、同法の成立を支持し、競争政策がブラジル経済の成長に不可欠であるとの理解を示している [91]。こうした同国経済界における意識の変化も、執行当局の啓蒙活動によるところが大きい。2011 年法は、同国における着実で地道な近代的競争法形成過程の最終章であるといわれる [92]。

なお、2012 年 5 月から新体制を発足させた CADE は、発足後は特に新たな企業結合管理への対応に人的資源を集中していたが、他方、カルテルをはじめとする経済秩序違反行為を Leniency の普及を通じて取り締ることが CADE の最優先課題である旨も明らかにしている [93]。Global Competition Review（競争法関連の専門誌）は、2010 年度の CADE の活動を、カナダ独禁当局、

90）　前掲注 6 参照。

91）　Botta, *supra* note 58, at 249.

92）　*Id.*, at 250.

93）　2008 年にはサンパウロ州検察庁は、カルテル摘発のための特別組織を組成し、競争当局との連携を強化してカルテル摘発に注力している。2009 年には競争当局は行政・司法機関で構成される恒常的フォーラムを形成して国家反カルテル戦略を実施している。

アメリカ司法省と並ぶ米州における執行のめざましい独禁法執行機関と評価した[94]。こうした実績の積み重ねによって、従来の通念である「ブラジルにおける法の支配の欠如[95]」は、少なくとも競争法分野では払拭されつつあるように見受けられる。

1.　目的・適用範囲

　2011年法は、1994年競争法と同じく、ブラジルにおける競争保護体制（SBDC）を構築するとともに、1988年憲法上の重要な原則である創業の自由、自由競争、財産権の社会的機能、消費者保護及び経済力濫用の抑制原則に従って、経済秩序に対する違反を予防し、またその防止に関する規定をおく（第1条）。同法は連邦共和国が締結する協定及び条約を妨げることなく、国内の全部もしくは一部において行われた行為、またはその効果が国内に及ぶ行為、もしくは及び得る行為に対して適用される（第2条）。

　全体の構成は、第Ⅰ編 総則規定、第Ⅱ編 ブラジルの競争保護システム、第Ⅲ編 連邦検察庁およびCADE、第Ⅳ編 資産、収入および行政・予算・財務管理、第Ⅴ編 経済秩序の違反、第Ⅵ編 行政手続の諸態様、第Ⅶ編 集中の管理、第Ⅷ編 審議会決定の司法的執行および第Ⅸ編 最終規定および経過措置となっている。

2.　ブラジル競争保護システム

　SBDCは、ブラジル経済防衛行政審議会（CADE）および財務省経済監視局（SEAE）によって構成される（第3条）。94年競争法の下では、これら2機関に加えてSDEが存在したが、SDEは2011年法の施行に伴い廃止された。

---

94)　現地紙 Folha de São Paulo, 7 de fevereiro de 2011.

95)　Lesley K. McAllister, *Making Law Matter* (Stanford University Press, 2008), at 12 -13.

また、SEAE の権限も大幅に制約された。1994 年法の下では、SDE が反競争的行為の調査を開始することになっており、違法行為に関する調査権限は同機関および SEAE がそれぞれ有している。また、申請のあった企業結合については、両機関がそれぞれ意見を CADE に提出することになっているが、2011年法の下で SEAE は、競争の振興策に関連して法令の改定等に関する非拘束的な意見を提出するなど、法律顧問的な業務を担当する（第 19 条）。以上の結果として、CADE には反競争的行為の予防と違反の取締り権限、および企業結合審査についての広範な権限が集中された。

3.　CADE[96) の組織と権限

CADE は、組織的には法務省に属するが、独立した行政機関として存続する（第 4 条）。CADE を構成する機関は、経済防衛行裁定評議会[97) (*Tribunal Administrativo de Defesa Econômica*)、事務総局（*Superintendência-Geral*）および経済調査局（*Departamento de Estudos Econômicos*）である（第 5条）[98)。経済防衛裁定評議会は、上院の承認を経て連邦共和国大統領が任命す

---

96)　経済防衛委員会（Comissão Administrativo de Defesa Econômica Cade-CADE）は、法律第 4.137/62 号によって、司法省の一機関として創設された。当時 CADE は、経済活動の監督機関として、特に企業会計の監視機能を担う機関であった。1994 年 6 月に、法第 8.884/1994 号によって、司法省傘下の独立参加の独立機関となった。同法によって、ブラジルの経済競争保護体制（Sistema Brasileiro de Defesa da Concorrência-SBDC）が構築され、自由競争の保護・促進について、CADE のみならず、司法省の経済法制局（Secretaria de Direito Econômico SDE）および財務省傘下の、Secretaria de Acompanhamento Econômico-Seae）が担うことになった。2012 年 5 月に、法律第 12.529/2011 号が施行されると、SBDC に大きな変革が生じた。CADE は、旧法の下で SDE や SEAE が担っていた権限を包括的に行使する権限と責任が付与された。
97)　*Tribunal* という用語は一般的には裁判所・審判所を意味するが、2011 年法における機能に鑑みここでは「裁定評議会」と訳した。
98)　旧法における SDE は廃止され、SEAE は存続するが、審判手続きについて指揮する機能を喪失し、官民に自由競争の啓発を行う機関と位置づけられることになった。2018 年

る議長1人と6人の委員から構成される（第6条）。議長および委員の任期は4年であり、再任は認められない（同条第1項）。議長を含む構成員は、原則として兼職を禁じられる（第6条2項）。また、構成員の罷免は、上院の決議による他、刑事確定判決もしくは2011年法に定める禁止行為を犯した場合などに限定されている（第7条）。

CADEには連邦法務局（*Procuradoria Federal junto ao CADE*：第15条乃至18条）および検察局（*Ministério Público Federal perante o CADE*：第20条）が設けられている。

4. 競争制限的行為の規制

（1）禁止される行為等

2011年競争法は、当事者の過失の有無にかかわりなく、下記の目的を有するか、下記の影響を及ぼすおそれのあるすべての行為を反経済秩序行為と定めている（第36条）。

① 自由競争または創業の自由をいかなる方法であるかを問わず、制限、歪曲または阻害すること

② 一定の商品または役務の関連市場を支配すること

③ 利益を恣意的に増大すること

④ 市場支配的地位を濫用すること

また、同法は19種類の行為類型を例示的に反経済秩序行為であると定めて

1月にSEAEはSEPRAC（Secretariat for the Promotion of Productivity and Competition Advocacy）およびSEFEAL（Secretariat for Fiscal Monitoring, Energy and Lottery）に代替されたが、2019年1月にはSecretariat for Competition Advocacy and Competitiveness（SEAE：財務省傘下）に置き換えられた。総監督局（Superintendência-Geral）は、SDEおよびSEAEが担っていた機能（経済濫用の取り締まりおよび違反者に対する制裁の賦課や企業集中の分析など）を担う機関として設置されることになった。そして経済調査局（Departamento de Estudos Econômicos）は、精緻な経済分析を通じてCADEによる競争法執行の合法性を担保する機能を果たしている。

いる（第 36 条第 3 項）。1994 年法との比較では一部文言の修正がみられる。しかし、これらの修正は抜本的な内容変更を伴うものではないと考えられる。

（2）競争制限的行為に対する行政制裁（第 37 条）

① 企業（*empresa*）[99] による違反行為については違反にかかる企業活動に関連する（*no ramo de atividade empresarial em que ocorreu a infração*）売上げの 0.1 ～ 20%（手続き開始の直近営業年度の当該企業、企業集団または複合企業群の当該売上げ）の制裁金[100]。

② 企業に該当しない自然人または法人については、50,000 レアルから 2,000,000,000 レアルの制裁金。

③ 違法行為に直接または間接に関与した管理役員（経営審議会メンバーおよび取締役）については、①の 1 ～ 20% の制裁金。

上記何れの場合も、違反行為によって得た利益の額を下回らないものとする（同条本文）。また、再犯については制裁金は上記の 2 倍の金額とされる（同条第 1 項）。

なお、上記の行政制裁は、違法行為の日または継続して違法状態が続いた場合は、違法状態が停止した日から起算して 5 年が経過した時点で起訴時効にかかる（第 46 条本文）。

99）2002 年民法（2002 年 1 月 10 日付法律第 10406 号）は企業（*empresa*）の概念を新たに導入したが、その第 966 条 980 条は企業家（*empresário*）を規定し、*empresa* について明確な規定をおいていない。しかし、2011 年競争法第 37 条 I 号が *empresa* による違反の際の制裁を定め、同 II 号が「その他の自然人および法人」と規定していることから、I 号の企業には事業会社のみならず企業家である個人も含まれると解される。また、同 III 号は、会社の管理役員に対する制裁の規定である。

100）法案段階では、違反にかかる関連市場（*no mercado relevante*）における売上げの 30% とされていたが、官報で公告された法律第 12529 号第 37 条では制裁金算定の基礎となる売上げの範囲および適用される比率の双方が異なっている。

5. Leniency 合意

1994 年競争法の下で 2000 年に導入された Leniency は、2011 年競争法の下でも維持されているが、1994 年法と異なり、違反行為の首謀者である企業及び個人も Leniency の適用対象となる[101]。また、2011 年競争法に定める行政制裁のみならず、1990 年法に基づく刑事制裁についても 2011 年競争法によって成立した Leniency 合意によって、対象者は制裁金が免除され、また刑事訴追から免れる（第 87 条本文）。2016 年には Leniency 認可手続の透明性を確保するための規則が制定された[102]。

なお、Leniency 合意には秘密保持条項が規定されるが、ブラジル連邦高等裁判所（STJ）は、Leniency 合意に秘密保持条項が存在することを認めつつも、かかる秘密保持義務は、CADE における違法行為の存否にかかる審理段階のみに適用される義務であり、手続終了後（総監督局による完結した意見書（technical opinion）提出後）は、Leniency 合意書に規定された秘密保持義務は消滅すると判断した[103]。

---

101)　1994 年法の下で 2000 年に導入された Leniency は、①最初の通報者であり、②CADE の調査に全面的に協力することが確約され、③違法な行為との関わりを完全に断ち切り、かつ④カルテルの首謀者でない場合に合意が可能となっていた（CADE, *Fighting Cartels: Brazil's Leniency Program*, available at: http://www.cade.gov.br/upload/Brazil_Leniencia_Program_Brochure.pdf, as of October 1, 2015）。

102)　Res 15/2016: Alteração regimental para fortalecer a segurança e a transparência dos programas de leniência e de TCCs, e para normatizar o procedimento de leniência plus. 本規則の適用対象は Leniency および TCC である。

103)　Recurso Especial No. 1.554.986（2016 年 4 月）。

6.　確約制度（Termo de Compromisso de Cessação：TCC）

　1994 年競争法の下で 2007 年改正により導入された和解制度[104]（Compromisso de Cessação）は、2011 年法の下でも維持され、その適用範囲が拡大された。CADE は、競争保護法の保護法益に該当する場合、行為の中止の確約（TCC）を事業者と書面確認し、その履行を義務付けることができる[105]（第 85 条。以下この合意を「TCC」という）。TCC には、行為を中止するための義務、確約された義務に違反した場合の制裁金額等が規定されていなければならない（第 85 条第 1 項）。確約が実施されている間、審査手続は停止される（第 85 条第 9 項）。TCC で義務付けられた条件が履行されない場合は、CADE は TCC にあらかじめ規定した制裁金を課し、審査手続の継続等を決定する（第 85 条第 11 項）。

　なお、確約合意には競争法の諸規定の他、CADE 内規（REGIMENTO INTERNO DO CONSELHO ADMINISTRATIVO DE DEFESA ECONÔMICA-RICADE）の第 184 条以下（特に第 224 条ないし第 229 条）が適用される。また CADE は、2016 年にガイドライン（Guia sobre Termos de Compromisso de Cessação para casos de cartel）[106] を公表した（2017 年 9 月に改訂）。なお、確約合意は当事者と CADE 間の合意であり、それによって事業者は民事責任も刑事責任も免除されない。

（1）　TCC の対象となる行為

> 第 85 条　本法第 48 条 I、II および III 号の場合、CADE は被審当事者と調査中または違法な効果を有する行為について中止合意を締結することができるが、それは利便性と機会確保の観点から、本法が保護する利益に資するという理由に然るべく依拠するものでなければならない。

---

104)　1994 年法第 53 条は、カルテル事案に関する和解制度であったが、2011 年法の下における TCC はカルテル事案に限定されない。

105)　TCC に合意するか否かは CADE の裁量とされる。

106)　http://www.cade.gov.br/acesso-a-informacao/publicacoes-institucionais/guias_do_Cade/guia-tcc-versao-final-1.pdf（2019 年 11 月確認）。なお本ガイドラインはカルテルを対象とする内容であるが、TCC の適用対象行為はカルテルに限定されない。

　上記条文が参照する第48条は、総則規定であり、「本法は、経済秩序違反の予防、調査および抑制を目的として開始される、以下の行政手続について定める」と規定し、同Ⅰ号ないしⅢ号は次の通り規定している。

　Ⅰ-経済秩序違反の調査を目的とした行政捜査の予備的手続。

　Ⅱ-経済秩序違反の調査のための行政捜査。

　Ⅲ-経済秩序違反の際の行政制裁の賦課を目的とする行政手続。

　つまりTCCの対象となる行為は、カルテルを含む競争法違反行為全般である。また、行為中止合意の提案は、調査・審理の何れの段階でもなすことが可能であるが、一事案について提案が認められるのは一回のみである（第85条第4項）。TCCの締結の提案自体は行政手続きを中断するものではない（第85条第6項）が、行政手続きは、合意が履行される場合は中断され、その定められた期間が満了した場合は、その条件がすべて達成されている場合に限り手続が終了する（同第9項）。

（2）TCC に規定すべき項目

第85条　第1項　合意の条件には、必ず以下の要素を盛り込まなければならない。

Ⅰ-被審当事者が所定の期間内に調査された、または違法な効果を有する行為を中止させる際の義務、およびその他の妥当と判断される義務の内容。

Ⅱ-合意された義務の全部または一部に不履行があった場合に科せられる罰金額。

Ⅲ-適用がある場合は、拡散的権利保護基金（Fundo de Defesa de Direitos Difusos）への献金額。

第2項　本法第36条第3項ⅠおよびⅡ号に定める行為に関連する、またはそれらから派生する違反行為の調査については、本条第1項Ⅰ号が定める義務のなかでも、拡散的権利保護基金（Fundo de Defesa de Direitos Difusos）に献金する義務は、本法第37条に定める金額以下であってはならない。

　上記の他、カルテル等の違法行為に関するTCCについては、審理手続について提案事業者がCADEに協力する旨の規定が盛り込まれていなければな

らない[107]。また、CADE は提案された TCC について審理手続きについての事業者による協力確約の広汎性および有益生（amplitude e utilidade）を審査するものとする[108]。

（3）　TCC の提案の資格と提案順位・減免率

　違法行為についての審理開始決定（autos）が発せられる以前に TCC を申告する事業者は、CADE の総監督局に申告することとし、審理開始後であれば評議会に申請することになる。申請が為されるとマーカーシステム（sistema de senhas）に登録され、当該順位が以下の通り制裁金減免率の基準となる[109]。

　　①　総監督局への申請の場合：第 1 順位は、30-50%、第 2 順位は 25-40%、その他の当事者は 25%以下の制裁金減免となる。
　　②　評議会への申請の場合：制裁金の減免率は 15%以内。

　なお、TCC に規定された申請当事者の債務は、裁判外の執行名義となる（第 85 条第 8 項）。

（4）　秘密保持および TCC の締結の公的性格

　TCC の提案は CADE および当事者間で秘密として扱うことが可能である（第 85 条第 5 項）。しかし、TCC の合意は公的性格を有するため、合意書の締結日から 5 日間 CADE において公示されなければならない（第 85 条第 7 項）。

（5）　TCC の法的効果

　カルテル等の違法行為に係るリニエンシー合意の場合は、当事者が違法性を認めることがその有効要件となる（RICADE 第 185 条）が、TCC については、当事者による違法性の確認または違法行為についての有責性の自認とは見做されない（RICADE 第 179 条第 5 項および第 190 条第 7 項）。

107）　RICADE 第 226 条。ガイドライン 11 頁。
108）　RICADE 第 227 条。ガイドライン同上。
109）　ガイドライン 9-10 頁

（6）　その他の関連規定

> 第 85 条
> 第 10 項　本条第 9 項が定める行政手続の中断は、合意に署名した当事者について認められるものとし、その他の当事者については通常の手続が進行する。
> 第 11 項　合意の不履行が宣言された場合、CADE は合意により定められた制裁を適用し、行政手続ならびにその執行に対して妥当と考えられるその他の行政的および司法的措置の継続について決定する。
> 第 12 項　この合意に定める条件については、被審当事者の負担が大きすぎることが証明された場合、かつ第三者または全体的に損害を及ぼすことがない場合は、CADE がこれを変更することができる。
> 第 13 項　行為中止合意の提案は、当局がその条件も含め、被審当事者と合意に至らない場合には却下される。
> 第 14 項　CADE は決定により、中止の合意の条件について適正、期間、締結方法について補足的規則を定める。
> 第 15 項　行為中止合意については、本法第 50 条 [110) の規定が適用される。

7.　企業結合規制

（1）　手続き

　2011 年法がもたらす最も大きな変化は、同法が事前審査（*pre-merger notification*）の制度を採用したことであろう。対象となる企業結合とは、同法第 90 条に規定する吸収合併、支配株式の取得、新設合併および合弁契約等の締結である。審査期間は最長 240 日間とされる（第 48 条第 2 項）が、当事者の申し出によって最長 60 日間、もしくは裁定評議会の決定によって最長 90 日間、それぞれ延長される場合がある（第 88 条第 9 項）。

---

110)　第 50 条 総監督局長または報告委員は、次の行政手続への介入を認めることができる。

　I- 採択される決定によって影響を受ける権利または利益を有する第三者。

　II-1990 年 9 月 11 日付法律第 8078 号の第 82 条 III 号および IV 号の公共民事訴訟（ação civil pública）を提起することができる適格者。

　届出が必要な当事者の基準としては、総売上基準のみが採用され、市場占有比率は考慮されないことになった。つまり、申請にかかる事業年度の前事業年度について、取引に関連する企業グループの少なくとも 1 社について、そのブラジル国内における売上が 4 億レアル以上で、かつその他の少なくとも 1 グループの売上が 3,000 万レアル以上の場合に届出が要求される（第 88 条本文）。なお、2012 年の省令（2012 年 5 月 30 日付 Cabinete do Ministro Portaria Interminisiterial No.994）により、届出基準は国内売上高 7.5 億レアル以上の当事者と 7,500 万レアル以上の当事者による企業結合と変更された。

　なお、CADE には、企業集中について条件を付して合意（ACC-acordos em controle de concentrações）する権限（RICADE 第 125 条参照）が付与されている。

（2）　行政制裁

　審査手続を経ずに企業結合が行われた場合は 60,000 ～ 60,000,000 レアルの制裁金が適用される（第 88 条第 3 項）。また、虚偽の申請を行った場合等の制裁金も上記と同様である（第 91 条単項）。

8.　ブラジル 2011 年競争法の特徴

　ブラジル競争保護法には特徴的と思われる条項がいくつか含まれている。これらの中には 94 年競争法においても存在した規定もあるが、ブラジル競争法を理解する上で重要と思われるので以下に検討する。

（1）　競争法の適用範囲

　2011 年競争法第 2 条本文[111] は、同法の適用範囲について「違法行為の全部または一部がブラジル国内で行われた場合、およびその影響がブラジルに生じる場合、またその可能性がある場合に適用される」と定め、基本的には属地主義の原

---

111)　1994 年競争法第 2 条本文と同内容の規定。

則に立脚しつつも、効果理論に基づく適用範囲の拡大が図られている [112]。

(2) 企業集団を構成する会社が経済秩序に違反した場合の連帯責任

　2011 年法第 33 条は、経済秩序に事実上または法律上の企業集団の一構成員が違反した場合、それらは連帯して責任を負担すると規定している [113]。また、独禁法のみならずブラジルの消費者保護法においても、同様に経済集団の連帯責任が問題とされる [114]。そこで、まず企業集団の定義は何か検討が必要となる。これに関連して、ブラジル株式会社法第 116 条は支配株主（*actionista controlador*）について規定し、また同法第 265 条は会社集団（*grupo de sociedades*）について規定しているが、競争法における企業集団の範囲はさらに広範に捉えて、持株会社による共通の支配下にあるか否かを問わず、共通の目標に向けて共同する集団を意味すると考えられている [115]。

　また 2011 年法第 40 条本文は、CADE または SEAE が情報や書類の提出を要請した場合に、それらを不当に拒否または提出を遅滞した場合に制裁金を課す旨を定めているが、同条第 3 項は外国会社が上記情報・書類の提供を拒みまたは提出を遅滞した場合は、ブラジルに所在する支社、支店、事務所または事

---

112) ビタミン・カルテル事件（Processo Administrativo 08012.004599/1999-18）において、Hoffman-La Roche 他の企業が国際カルテルに参加した事実は、アメリカ司法省および EU 委員会による手続きにおいて既に確認されていることを前提として、当該ビタミン・カルテルがブラジル市場に大量に輸入され消費者に与えた損害が甚大であるという事実をふまえて、関係当事者に 1994 年法に基づく競争法上の制裁が適用された。

113) 1994 年法第 17 条とほぼ同趣旨の規定。2011 年法第 33 条は、経済集団の構成員の一社でも経済秩序に違反した場合は、経済集団のすべての構成員が連帯して責任を負担することを明らかにした。

114) Recurso Especial 63.981-SP（1995/0018349-8）は、消費者保護法に関連して、ブラジル国民がアメリカにおいて購入した日本法人であるパナソニック製の電気製品の瑕疵について、同社のブラジルにおける現地法人である Panasonic do Brasil が法的責任を負担すべきであるとした判決である。

115) Guimarães, *supra* note13 at 345-346. 本決定第 2 号は、企業集団（*grupo econômico*）を定義しているが、この規定は企業集中の届出の判断基準として定められたものである。

業所がその責任を連帯して負担する旨を規定している。

（3）　外国企業に関する特別規定

　外国企業は、ブラジル国内で事業を行う場合、もしくは支社、営業所、支店、事務所、施設、代理人または代表者をブラジル国内に有する場合は、ブラジルに住所を有する企業とみなされる（2011年法第2条1項）。さらに、外国企業については、委任状または契約もしくは定款の定めにかかわらず、2011年法に定めるすべての通知および召喚について、外国企業の国内の支社、営業所、支店、施設または事務所の代理人、代表者または責任者に対してなされたときに効力を生じる（同条2項）。なお、これらの規定は1994年法第2条1項および2項と同内容である。

（4）　法人格否認規定

　経済秩序の違反に責任を負う法人は、権利濫用、権限外行為、法律違反などがある場合に法人格が否認され、不法な行為をなした法人が破産、支払不能状態、解散、休業等に至った場合であっても法人への出資者に対して責任が遡及すると定められている（2011年法第34条）[116]。本条に基づき、もし外国企業の現地子会社が2011年法に違反した場合は、その責任は親会社たる外国会社に遡及する可能性が生じることになる。

（5）　司法介入権（*Intervenção Judicial*）

　2011年法第102条〜111条は、1994年法第69条〜78条と同様に、本決定の特定履行を実施するための、裁判所による介入者の指名権限を定めている。介入者は、企業における管理役員としての責任と権限を有し、裁判所により認められた範囲内で権限を行使する。介入期間は180日以内で、介入受入れ事業者が介入を妨害した場合は刑事罰が適用される可能性がある[117]。

---

116)　1994年競争法第18条と同様の規定。
117)　CADEは同機関が承認したブラジル食肉加工大手のSadia社とPerdigão社の統合

（6）　民事救済

　2011 年法第 47 条 [118] は、損害を受けた者はその者自身が、または 1990 年 9 月 11 日付法律第 8078 号（消費者保護法）[119] が定める権利者によって裁判を提起し、違法行為の中止および自らがこうむり、もしくは集団がこうむった損害賠償を求めることができる旨を定めている。ブラジルにおいては、1985 年 7 月 24 日付法律第 7347 号 [120] および消費者保護法に基づき集団訴訟（ブラジル版クラス・アクション制度）を提起することが可能である [121] ことから、経済秩序に違反した当事者は、たとえ Leniency による免責を受けた場合であっても、民事訴訟への対応が必要となる可能性が残る [122]。

9.　2011 年競争法の執行状況

（1）　CADE の全般的業務遂行状況

　図 2-2 は 2016 年度〜 2018 年度の CADE の全般的業務遂行状況を示した図である。企業集中審査件数が減少する一方で行政手続等の処理件数は増加し

について、CADE と合意された統合の条件が履行されない場合は、介入権を行使する意向を表明している（Reuter, 8 July 2011）。

118)　1994 年法第 29 条と同内容の規定である。

119)　正式には「消費者保護およびその他の措置について定める 1990 年 9 月 11 日付法律第 8078 号」。

120)　正式には「環境および消費者、ならびに芸術的、審美的、歴史的、観光的および景観的な財物および権利に対する損害責任に関する公共民所訴訟について規律し、その他の措置を定める 1985 年 7 月 24 日付法律第 7347 号」。

121)　クラス・アクションは、連邦・州・市町村などの行政機関が提起することが可能であるが、一般的には消費者協会または検察庁によって提起されている。

122)　Deformed Steel Bar カルテル事件（Processo Administrativo 08012.004086/2000-21）は、Gerdau SA や Belgo Mineira などによるカルテルが問題とされた事例であるが、鉄鋼問屋等が提起した私訴において裁判所は、被告企業にカルテルが形成される以前の価格で製品を原告に販売するよう命じた。また、産業用ガス・ボンベ・カルテル事件については、CADE による制裁金支払い命令を受けてガス・ボンベの最終需要家である病院や企業によるクラス・アクションが提起された。

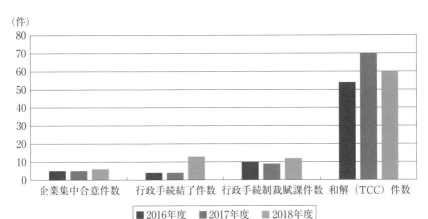

図 2-2　CADE の業務遂行状況（Relatório de Gestão do Conselho Administrativo de Defesa Econômica-Cade-Ano 2018 をもとに筆者が作成）

た。例えば、1994 年法の下で、工業・医療用ガス・カルテル事件 [123] について、CADE はアメリカの White Martins 社のブラジル子会社に対して、制裁金の計算対象となる営業年度の同社売上高の 50％に相当する制裁金支払い命令を下しており、同法第 23 条は厳格に執行されてきた事実がうかがえる。かかる状況の下で 2011 年法第 37 条は、意図的に制裁金算定率を引き下げたが、これは経済秩序違反取締りを軽視するものではなく、むしろ執行を一層強化して違反者に厳格に制裁金を課すための改正であると解されている [124]。CADE は 2011 年法の下でも、カルテル摘発は最優先課題である方針を表明している。CADE は、その摘発に際して Leniency 制度や dawn raid（強制調査）を重点的に活用する方針であり、Leniency 申告をしないカルテル当事者や調査に非協力的な者に対しては厳罰をもって臨む方針を表明している [125]。

---

123)　Processo Administrativo no. 08012.009888/2003-70。

124)　2011 年競争法第 39 条は、CADE が命じた停止命令に違反した場合の制裁金を規定する（1994 年競争法第 25 条と同趣旨）が、違反者の経済的状況や違反の重大性を勘案して制裁金を 50 倍まで増額できると規定している（1994 年法の下では前営業年度の売上高の 20 倍までであった）。このように制裁金の増額が図られた部分もある。

125)　2011 年競争法第 38 条は、経済秩序違反の場合は、制裁金の賦課に加えて、違反事

（2）行政手続の状況

　行政手続の概要を図 2-3 に示した。図 2-4 は 2010 年度〜 2017 年度（ただし 2017 年度は 5 月までの数値）における行政手続の状況を示した表である。2011 年法第 36 条本文は、経済秩序に違反する行為として、「自由競争または営業の自由に違反しまたは妨害するすべての行為、関連市場を支配する行為、恣意的な利益の増加、および支配的地位の濫用」を規定し、同条第 2 項は、違反行為例を列挙している。これは、1994 年法第 20 条本文および第 21 条とほぼ同じ内容であるが、2011 年法で特徴的であるのは、工業所有権、知的財産権、技術に関する権利または商標権を濫用または悪用する行為が法文上明示された点である（同法第 36 条 3 項 XIX 号）。近年 CADE は知的財産権の濫用を通じた経済秩序への違反行為[126]の摘発に注力しており、上記条項の新設はそうした状況を反映した内容といえる[127]。なお、2011 年法第 38 条 IV 号 a は、経済秩序に違反した当事者が所有する知的財産権の強制実施に関する規定である。1994 年法第 24 条 IV 号 a は、違反者の「特許権」の強制実施について規定していたが、2011 年法の下では強制実施権が認められる対象を「知的財産権」と規定し、その範囲拡大が図られている。

　　実の新聞公告、5 年以内の公的金融機関との契約禁止、および公共入札資格の停止などの制裁が追加的に命じられる可能性を規定している。なお、本規定は 1994 年法第 24 条とほぼ同趣旨である。

126）　1996 年にアメリカ Colgate-Palmolive 社（ブラジルにおける市場占有率 25.6 ％）によるブラジル Kolynos 社（同 52.5 ％）の買収に際して CADE は合併後の会社が "Kolynos" という商標を使用しないことなどを条件に合併を許可した。本件は CADE が知的財産権を、その競争保護政策に活用した最初の事例と言われる。

127）　知的財産権を活用したいわゆる不当訴訟（sham litigation）に関する事案として、Siemens Brasil を巻き込んだタコグラフ事件（PA 08012.004484/2005-51）、TV ショッピングに関する Shop Tour 事件（PA 08012.004283/2000-40）および自動車部品に関する Anfape 事件（AP 08012.002673/2007-51）等がある。

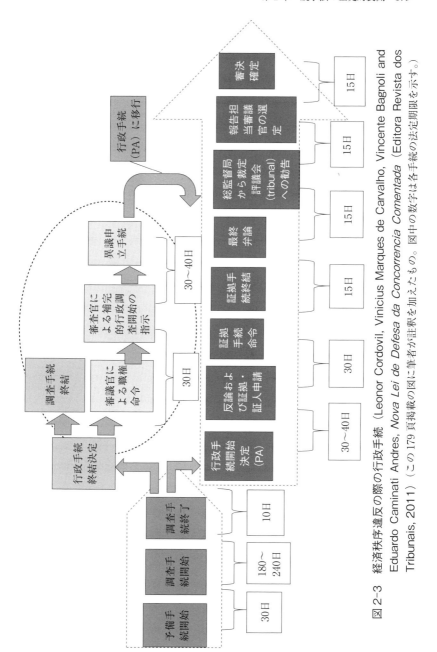

図 2-3　経済秩序違反の際の行政手続（Leonor Cordovil, Vinicius Marques de Carvalho, Vincente Bagnoli and Eduardo Caminati Andres, *Nova Lei de Defesa da Concorrencia Comentada*（Editora Revista dos Tribunais, 2011）（この 179 頁掲載の図に筆者が註釈を加えたもの。図中の数字は各手続の法定期限を示す。）

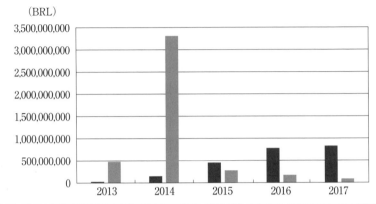

	2013	2014	2015	2016	2017
■ Pecuniary contributions in TCCs	41,615,069	168,493,150	466,834,865	798,943,417	845,772,486
■ Imposed fines in Administative Proceeding	492,011,098	3,321,733,615	286,890,096	196,637,612	95,896,204

*Pecuniary Contributions from the approval of TCC requests are not included
**The total amount of the fines imposed in Administative Proceeedings are subject to change due to funds

図 2-4　行政手続（PA）による制裁金と確約（TCC）に基づく和解金額の推移
出典：CADE の HP（http://www.cade.gov.br/：2019 年 11 月確認）［単位：ブラジル・
　　　レアル。各年度の左側は TCC による徴収金額を、また右側はその他の行政手続を
　　　通じて賦課した制裁金額を示す］

（3）Leniency の状況と CADE との和解に関する状況

　Leniency 制度は既に述べた通り 1994 年法の下で 2000 年に導入され CADE
にとってカルテル摘発のための重要な手段とされている。Leniency の状況
は図 2-5 に示した通りであるが、アメリカや EU においては Leniency によ
る刑事罰や行政制裁の減免の影響が大きいことや、カルテル発覚後に早期に
Leniency 通報を行わない事実が、会社経営者に対する損害賠償請求（株主代
表訴訟）の対象になる可能性などを考慮して、特にブラジルにおける外資系企
業により活用が図られている模様である。また、特にアメリカにおいては司法
当局との和解（*deferred prosecution agreement*）を通じて制裁金が厳格と
なるリスクを回避する傾向が高まっている事実もあり、CADE との和解（TCC）
件数も増加傾向にある（図 2-6 参照）。

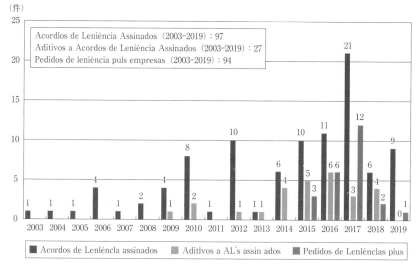

図 2-5　Leniency 合意件数

出典：CADE の HP（http://www.cade.gov.br/：2019 年 11 月確認）［なお各年度の左側
は Leniency 合意件数を、中央は付随的合意件数を、そして右側は Leniency Plus
申請件数を示している。なお 2019 年度は 9 月末までの数値］

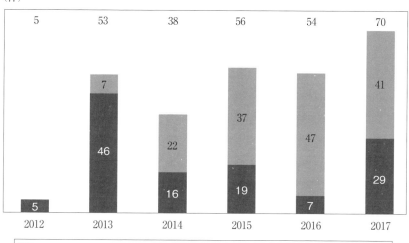

図 2-6　CADE との確約（TCC）件数

出典：CADE の HP（http://www.cade.gov.br/,：2019 年 11 月確認）［各年度の下段は評
議会と締結された TCC を、また上段は総監督局と締結された TCC を示す］

（4）　企業集中審査

　1994年競争法の下で、CADEは企業結合・行為の審査に膨大な人手と時間を費やしてきた[128]。2011年競争法は、企業集中審査の事前届出制を採用したが、その届出基準を明確化することにより届出件数の減少を図る結果となった。

（5）　企業集中審査に要する日数

　2011年法第90条はCADEへの事前届出が必要な集中行為を限定的に定めている。また、同法第88条本文は、集中行為の当事者規模基準を定めている。そして、企業結合審査は通常手続き（*rito ordinário*）とファースト・トラック（*rito sumário*）に分類されるが、2012年のCADE決定第2号は、ファースト・トラックの対象となる集中行為の基準を定めている（同決定第8条）。以上により、企

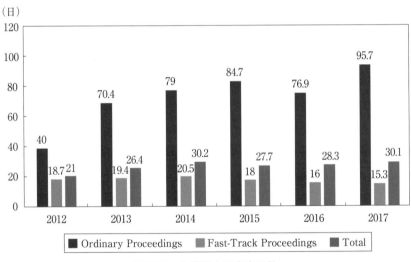

図2-7　企業集中の審査日数

出典：CADEのHP（http://www.cade.gov.br/：2019年11月確認）［各年度の左側は通常手続きの平均所要日数を、中央はファースト・トラックによる平均所要日数を、そして右側は全体の平均所要日数を示す］

---

128)　CADEの統計によれば、1995年～2011年にCADEが審査した行政プロセスの82.3%が企業集中審査であった。

業結合審査に関する基準は、一層明確化されたと評価することができよう。図
2-7 は、2012 年から 2017 年までの CADE による企業集中審査の平均日数を示
している。

Ⅶ. ま　と　め

　1934 年憲法の下で「正義の原則」と「国民生活の必要性」に則り構築され
ると保証された経済秩序（*ordem enocômica*）は、その後 80 年近くの歳月を
経て 2011 年競争法に結実した。アメリカ反トラスト法や EU 競争法が、市場
における経済活動の活性化に不可欠であるという認識の下で一貫して運用され
てきた歴史と比較すると、ブラジル競争法は軍事政権の下では、国家が市場経
済に介入する根拠として活用されるなど、その時代の経済政策の下で運用上の
障害を被った経緯が認められる。ブラジルの場合は、どちらかというと外資を
中心とする巨大企業による公共経済の弊害を阻止し、国内資本の保護育成を図
るための経済統制法として機能した歴史が考察される。しかし、その時々の立
法者の意図がそうであったとしても、1938 年公共経済統制法にはじまる競争
法の規範としての性格は、不正な競争手段を規制し、市場における公正な競争
を確保することによって消費者を保護するという、競争法の基本理念そのもの
であったことも事実である。そして、規則やガイドラインによって競争政策の
運用にも透明性が増してきている。
　1990 年代にはじまる経済開放政策の下では、一貫して自由競争の促進に向
けた競争法の運用が図られてきた。これは、競争法を経済政策の手段として活
用するという、軍事政権の下での伝統的政策と決別し、市場経済の健全な発展

は企業集中に関する申請手続きであった。また、2011 年度中に申請のあった企業集中は
695 件であり内 649 件（93.4％）が無条件許可され、46 件（6.6％）が条件付で許可され
ている。またこれらの審査に要した期間は、申請件数の 80％までが 60 日以内に審査終
了しており、95％は 120 日以内に終了している（270 日以上 360 日以内の案件が 2 件で、
360 日以上を審査に要した案件は 2 件）。〔出典：CADE: RELATÓRIO DE GESTÃO
DO EXERCÍCIO DE 2010（2010 年度年次報告書）。

に向けて競争法による規制が不可欠であるという基本認識がブラジルの競争当局により共有された結果であるということができよう。もちろんブラジルの競争当局（CADE）が独立行政組織となり、2011 年競争法の下では一層その独立性が確保された事実も大きな影響を与えている。

　また、2011 年競争法によってブラジル競争法が、EU 競争法を典型とする国際的な競争法の枠組みに収斂しつつある傾向を見逃すことはできず、また競争政策そのものが国境を越えて調和されつつある傾向も忘れてはならない[129]。

　従来、ラテンアメリカにおいては、制度としての法は高度に整備されていても、それを執行する基本的条件が未整備であると考えられてきた[130]。しかし、少なくともブラジルにおいては、そのような伝統は変容しつつある[131]。競争政策と法のグローバル化ともいうべき状況の下で、歴史に裏付けられたブラジルの競争政策と法制度は、世界の先端の水準に達しつつある。

【第Ⅱ編第 2 章の参考文献】

【全般】

矢谷通朗「ブラジルの経済法制」（中川和彦・矢谷通朗編『ラテンアメリカ諸国の経済法制』）
　（アジア経済研究所、1989 年）

【経済法・競争法】

Marco **Botta**, *Merger Control Regimes in Emerging Economies*（Alphen aan den Rijn: Kluwer Law International, 2011）

Luis Rodolfo **Cruz e Creuz**, *Commercial and Economic Law in Brazil*（Wolters Kluwer, 2012）

---

129)　例 え ば Umut Aydin, "Promoting Competition: European Union and the Global Competition Order", in Umut Aydin and Kenneth P. Thomas（Ed.）, *Globalization and EU Competition Policy*（London: Routledge, 2014）, at 133-151.

130)　MacAllister, *supra* note 95, at 12.

131)　1970 年代から 2000 年に至るまでのブラジルにおける法文化の変容を指摘する資料として、例えば Eliane Botelho Junqueira, "Brazil: The Road of Conflict Bound for Total Justice", in Lawrence M. Friedman and Rogelio Pérez-Perdomo, *Legal Culture in the Age of Globalization*（Stanford University Press, 2003）, at 64-107.

Taufick, Roberto **Domingos**, *Nova Lei Antitruste Brasileira* (Rio de Janeiro: FORENSE, 2012)

Leonardo Vizeu **Figueiredo**, *Lições de Direito Econômico* - 4a Edição (Rio de Janeiro: FORENSE, 2011)

Leopordino da **Fonseca**, *O Cartel-Doutrina e Estudo de Casos* (Belo Horizonte: Mandamentos, 2008),

Paula **Forgioni**, *Os fundamentos do antitruste* 2.ed. (São Paulo, Revista dos Tribunais, 2005) Eduardo Molan Gaban and Juliana Oliveira Domingues, Antitruste Law in Brazil (Wolters Kluwer, 2012)

José Inácio **Gonzaga Franceschini** et al., *Competition Law in Brazil* (Wolters Kluwer, 2017).

Valéria **Guimarães** de Lima e Silva, *Direito Antitruste: Aspectos Internacionais* (Curitiba: Juruá Editora, 2006)

Gonçalo Farias de **Oliveira** Junior, *Ordem Econômica e Direito Penal Antitruste* (Curitiba: Juruá Editora, 2011)

Ana Maria de **Oliveira** Nusdeo, *Defesa da Concorrência e Globalização Econômica* (São Paulo: Malheiros, 2002),

【競争政策関連】

Paul **Cook**, Raul Fabella & Cassey Lee, *Competitive Advantage and Competition Policy in Developing Countries* (Cheltenham: Edward Elgar, 2007).

【CADE 公表の競争法関連のガイドライン】(2019 年 11 月確認)

1. 水平的集中行為の分析に関するガイドブック

　GUIA PARA ANÁLISE DE ATOS DE CONCENTRAÇÃO HORIZONTAL (ポルトガル語版のみ)

　http://www.cade.gov.br/acesso-a-informacao/publicacoes-institucionais/guias_do_Cade/guia-para-analise-de-atos-de-concentracao-horizontal.pdf

2. 許可前の経済集中行為に関するガイドブック

　GUIA PARA ANÁLISE DA CONSUMAÇÃO PRÉVIA DE ATOS DE CONCENTRAÇÃO ECONÔMICA (英語版有り)

　http://www.cade.gov.br/acesso-a-informacao/publicacoes-institucionais/guias_do_Cade/gun-jumping-versao-final.pdf

3. コンプライアンス・プログラムに関するガイドブック

　GUIA PARA PROGRAMAS DE COMPLIANCE (英語版有り)

　http://www.cade.gov.br/acesso-a-informacao/publicacoes-institucionais/guias_do_Cade/

guia-compliance-versao-oficial.pdf

4.　TCC（確約制度）に関するガイドブック

　Guia: Termo de Compromisso de Cessação para casos de cartel（英語版有り）

　http://www.cade.gov.br/acesso-a-informacao/publicacoes-institucionais/guias_do_Cade/
guia-tcc-atualizado-11-09-17

5.　リニエンシー・プログラムに関するガイドブック

　Programa de Leniência Antitruste do Cade（英語版有り）

　http://www.cade.gov.br/acesso-a-informacao/publicacoes-institucionais/guias_do_Cade/
guia_programa-de-leniencia-do-cade-atualizado-ago-2018.pdf

6.　競争法の下での救済制度に関するガイドブック

　Guia de Remédios Antitruste（ポルトガル語版のみ）

　http://www.cade.gov.br/acesso-a-informacao/publicacoes-institucionais/guias_do_Cade/
copy_of_GuiaRemdios.pdf

第3章

腐敗防止のための法人処罰法 [1]

I. は じ め に

　ラテンアメリカは政治腐敗の歴史が長く、もともと公職者の倫理観念は全般的に高いとは言えない状況の下で、経済発展で膨らんだ利権が一層の汚職を誘発している。特に、連邦政府や州政府は、為替政策、補助金そして企業へのインセンティブ付与の観点から企業活動に強い影響力を有していて、公的部門における汚職の機会は豊富であるといわれる。こうした腐敗行為、すなわち横領、粉飾決算、資金洗浄、贈収賄、汚職などの経済犯罪や権力の濫用によって、民主主義、公正な競争そして法の支配が脅かされている [2]。

　腐敗は、極度の貧困をなくし持続的な経済発展と開発を促進することを通じて繁栄を共有しようとする国際社会にとって大きな障害である [3]。腐敗は、

---

1)　本章は、拙稿「ブラジル腐敗行為防止法の概要」国際商事法務、第 42 巻 7 号（2014年）1086-1089 頁および「ラテンアメリカ諸国における法人処罰法 ― 腐敗撲滅に向けた法的取組 ―」（柏木昇・杉浦保友・森下哲朗・平野温郎・河村寛治・阿部博友編著『国際取引の現代的課題と法』（信山社、2018 年）99-122 頁をもとに加筆・修正したものである。

2)　Joseph S. Nye, "Corruption and Political Development: A Cost-Benefit Analysis", *61 AM. POL. SCI. REV. 417, 419*（1967）.

3)　Kevin E. Davis, "Does the globalization of anti-corruption law help developing countries?", in Julio Faundez and Celine Tan（Eds）, *International Economic Law, Globalization and Developing Countries*（Edward Elgar, 2012）at 283.

企業が主導する国際取引は公的部門と深い関わりを有するため、2004 年に国際連合はグローバル・コンパクトの 10 番目の原則に腐敗防止義務 [4] を追加した。海外における腐敗行為防止については、米国の海外腐敗行為防止法 [5] がが先駆的役割を担ってきたが、1997 年には経済協力開発機構（OECD）の閣僚会合で国際商取引における外国公務員に対する贈賄の防止に関する条約（以下「OECD 条約」という）が署名された。2010 年には英国贈収賄法が成立するなど国内法による企業の腐敗行為についての規制が強化されつつある。

　本章では、ブラジルにおける腐敗防止のための法人処罰法 [6]（以下「法人処罰法」という）を検討する。ラテンアメリカでは、最初にチリにおいて 2009 年に法人処罰法 [7] が成立し、続いてブラジル [8] およびコロンビア [9] でも法人処罰法が成立した。その他、メキシコ [10] やアルゼンチン [11] おいても同様の立

---

4)　原則 10 は「企業は、強要や贈収賄を含むあらゆる形態の腐敗の防止に取り組むべきである」と定める。

5)　The Foreign Corrupt Practices Act of 1977, 15 U.S.C. 78m, et seq.

6)　ラテンアメリカ諸国における腐敗防止に向けた国内立法は、概ね腐敗防止法および法人処罰法の制定という 2 段階を経ている。腐敗防止法とは刑法に外国公務員への贈賄罪を新設した上で、贈収賄罪の罰則強化を図ることなどを目的とする立法であり、法人処罰法は法人の関係者による腐敗防止法違反について、法人にも制裁を科すことを目的とする立法である。わが国と同様に大陸法系の刑法を有するラテンアメリカ諸国においては、刑法典に規定する罪の適用対象は自然人に限定されるため、法人に対して刑罰を科すことは理論的な困難を伴う。なお、腐敗防止法ないし法人処罰法という用語は、その立法目的にしたがって区分した便宜的名称であり、実際の法令名とは必ずしも一致していない。なお、拙稿・前掲注 1 論文（「ブラジル腐敗行為防止法の概要」）において使用した「腐敗行為防止法」という用語を本章においては「法人処罰法」と変更している。

7)　チリでは、2009 年 3 月に法人の刑事責任に関する法案を国会に提出し、これが同年 11 月に法律第 20393 号として公布された。

8)　2013 年 8 月 1 日付法律第 12846 号。

9)　コロンビアは、2004 年の刑事訴訟法の改正を通じて法人に対して法人格の一時停止処置や強制的解散措置を命じる権限を裁判所に付与した。ただし、法人処罰法としては、2011 年腐敗防止法制定を経て、2016 年 2 月 16 日付法律第 1778 号が制定された。

10)　メキシコ行政責任一般法は、2016 年 7 月に制定され 2017 年 7 月から施行された。

11)　アルゼンチンにおいては、2017 年 12 月 1 日に法律第 27401 号によって、刑法の一

法が考察される [12)]。

Ⅱ．ブラジル法人処罰法

1．法人処罰法成立の背景

　ブラジルの 1830 年の刑法典は、すでに請託を受けての収賄を禁止する旨の規定をおいていたが、1940 年に成立した同国刑法典 [13)] は、ブラジル国内の公務員に関する贈収賄に関して刑事罰を規定している。贈賄規制については、国際取引のグローバルな展開に伴い国内の法規制から国際的法規制へと発展を遂げた [14)]。米州機構による地域的枠組として特筆すべきは、1996 年 3 月にカラカスで採択された米州腐敗防止条約であろう。本条約は、腐敗行為を見いだし、それを処罰し撲滅する必要性を条約国が確認し、そうした目的に向けて条約国間で協力することを目的としていて、腐敗問題に対する国際的取組として

　　部が改正され腐敗行為に関する法人処罰を導入した（同法の施行日は 2018 年 3 月 1 日）。同法は、コンプライアンスの指針を規定しており、その最低基準を充足するコンプライアンス・プログラムが実施され、違反行為について当局に通報し、かつ違法に収得した利益を返還することにより法人に適用される罰則は減免される。

12)　中央アメリカでは、ベリーズ（2007 年腐敗行為防止法）、パナマ（2007 年改正刑法）、ニカラグア（2007 年改正刑法）、エルサルバドル（2006 年改正刑法）、ガテマラ（2012 年改正刑法）など主として刑法の改正を通じて法人処罰規定を新設した。また南アメリカではペルーの 2016 年 4 月 16 日付法律第 30.424 号（2018 年 1 月施行予定）が腐敗行為関連犯罪について法人に対する行政制裁を規定している。その他カリブ地域でも、ドミニカ共和国（2006 年商業・投資における腐敗防止法）やジャマイカ（2001 年不正行為防止法）が法人処罰法の性格を有する。その他、ペルーにおいては 2018 年 1 月から外国公務員贈賄にかかる法人処罰法が施行されている（法律第 30424 号）。

13)　1940 年 12 月 7 日付法規政令第 2848 は、1942 年 1 月 1 日から施行された。同法は、現在も効力を有する刑法典である。

14)　腐敗に関する国際的な規範形成の歴史に関しては Abbot, Kenneth and Snidal, Duncan, "Values and Interests: International Legalization in the Fight Against Corruption", *31 Journal of Legal Studies 141*（2002）を参照。

は先駆的な枠組みである[15]。

　また、外国公務員に対する贈賄禁止についてブラジルは OECD 加盟国ではないが、1998 年 12 月に OECD 条約に署名し、OECD 加盟諸国と共に国際商取引から贈賄等の不正行為を撲滅する意図を示してきた。その後、2000 年 11 月 20 日に命令第 3678 号を制定し、OECD 条約を国内実施したが、2002 年 6 月 11 日付の法律第 10467 号によって、同国刑法[16]（1940 年 12 月 7 日付法規政令第 2848 号）の一部改正を行った[17]。

　一方で、OECD 贈賄作業部会は、本条約の各締約国による実施状況を監視すると共に、必要に応じて提言を行っているが、ブラジルに関しては 2004 年

---

15) Giorleny D. Altamirano, "The Impact of the Inter-American Convention Against Corruption", *38 U. Miami Inter-Am. L. Rev. 487*（2007）, at 488.

16) ブラジル刑法の適用対象は自然人に限定される。

17) 法律 10467 号は、公布と共に施行された。関連する条文の簡易訳は以下の通りである。
　第 337-B 条（国際商取引における積極的贈賄）
　外国公務員または第三者に、直接または間接的に、いかなる不適切な利益であったとしても、それをその者が国際商取引に関連する何らかの公式な行為の作為、不作為またはそれらを遅延させることを目的として約束し、申込みをし、または供与してはならない。
　罰則：1 年ないし 8 年の禁錮刑および罰金。
　単項　利益の供与や約束によって、その職務義務に反する公式行為が遅延し、実施され、または不作為が実現した場合、罰則はその 3 分の 1 について加重される。
　第 337-C 条（国際商取引への影響力の行使）
　国際商取引に関連して、外国公務員によってなされる行為に影響を与えることの見返りとして、直接または間接的に何らかの利益または利益供与の約束を、自らまたは第三者のために求め、要求し、課しまたは入手してはならない。
　罰則：2 年ないし 5 年の禁錮刑および罰金。
　単項　行為者が外国公務員に利益が向けられたことを主張しまたは示唆した場合は、罰則は 50％について増加される。
　第 337-D 条（外国公務員）
　本法のもとで外国公務員とは、一時的なものであったとしても、また対価を得ていない者であっても、外国の国家の公的機関または外交使節の役職にあるすべての者を含む。
　単項　公的機関が直接または間接的に支配する組織または企業において役職を有する者は、外国公務員と同等とみなす。

にPhase1レビューが実施され、また2007年にPhase2レビューが実施された。2007年の作業部会は、ブラジルは国内の贈収賄案件について積極的取組みを示しているにもかかわらず、ブラジルの公的機関または企業による外国公務員への贈賄問題への取組みが不充分であると指摘している[18]。最も重要な問題指摘は、贈賄禁止条約ではその第2条[19]に基づき、法人による贈賄禁止の規定と違反した場合の処罰が義務付けられているにもかかわらず、ブラジルにおいてはそのような立法措置が執られていなかったことであり、これは同条約第3条の違反に該当する[20]とされていた。

　上記の状況のもと、2010年2月にはルーラ大統領（当時）によって国会に法人処罰法案[21]が提示された。同法案（第6826号）は、外国公務員に対する贈賄を禁止する内容にとどまらず、ブラジル国内外の公共行政に対する法人罰を定める包括的規制法であり、ブラジルの企業行動に大きな影響を持つと考えられていた。法人処罰法は、2013年8月1日に成立し、2014年1月29日から施行された[22]。なお、ブラジルにおいては、公共の財産を侵害する不誠実

---

18)　OECD Working Group on Bribery Annual Report 2007, at 39.

19)　条約第2条は、締約国が自国の法的原因に従って贈賄について法人の責任を確立するために必要な措置をとると規定する。

20)　条約第3条2項は、締約国の法制において刑事責任が法人に適用されない場合には、刑罰以外の制裁（金銭的制裁を含む）であって効果的で、均衡がとれた、かつ抑止力のあるものが法人に科されることを確保すべきであると規定する。

21)　Project Lei 6826/10（23 de fevereiro de 2010）は、正式名称は、国内および海外の公共行政に反する行為の行政的および民事上の責任を規定し、その他の方策を定める法案」である。

22)　正式名称は、「法人の国内または国外の公的行政を侵害する行為について行政および民事責任を定めその他の措置を規定する2013年8月1日付法律第12846号」。多年に亘り議論されてきた同法案が突然議会で承認された背景には、2013年6月にブラジル全土を巻き込んだ民衆による大規模な抗議デモの影響が大きいといわれている。

な行政行為に関する法律第 8429 号 [23] および法律第 8666 号 [24] で公務員の不正や不正な入札に関する刑事制裁が規定されている。ただしこれらは何れも行為者（自然人）を処罰する法律である。

　最後に、法人処罰法に関連して、違法な贈収賄等による生じた損害の民事責任に関する立法の歴史についても言及する必要があろう。なぜなら法人処罰法は、法人についての行政制裁についてのみならず、違法行為による民事責任ついても厳格責任主義を採用しているからである [25]。1957 年の法律第 3164 号 [26] および 1958 年の法律第 3502 号 [27] は、不正な行政行為による民事責任を規定した先駆的法令であったが、現実にはあまり活用が図られなかった模様である [28]。

　その後、1965 年の法律第 4717 号によって民衆訴訟（ação popular）制度 [29] が創設され、1985 年の法律第 7347 号によって公共民事訴訟（ação civil pública）制度 [30] が認められた。ブラジル法人処罰法は、内外の公務員に対す

---

23)　正式名称は、「公務員による行政上の直接的または間接的な業務の不正執行に関する制裁その他の措置を定める 1992 年 6 月 2 日付法律第 8429 号」。（Dispõe sobre as sanções aplicáveis aos agentes públicos nos casos de enriquecimento ilícito no exercício de mandato, cargo, emprego ou função na administração pública direta, indireta ou fundacional e dá outras providências.）

24)　正式名称は、「憲法第 37 条第 XXI 号に基づき公共入札にかかる規則を定める 1993 年 6 月 21 日付法律第 8666 号」。

25)　ブラジル法人処罰法第 2 条。

26)　1957 年 6 月 1 日付け法律第 3164 号。（Provê quanto ao disposto no parágrafo 31, 2ª parte, do artigo 141, da Constituição Federal, e dá outras providências.）

27)　1958 年 12 月 21 日付法律第 3502 号。（Regula o seqüestro e o perdimento de bens nos casos de enriquecimento ilícito, por influência ou abuso do cargo ou função.）

28)　Marco Vinicio Petrelluzi and Rubens Naman Rizek Junior, *LEI ANTICORRUPÇÃO* (São Paulo: Saraiva, 2014), at 30.

29)　公共民事訴訟とは、国または公共団体の機関の法規に適合しない行為の是正を求める訴訟で、選挙人たる資格その他自己の法律上の利益にかかわらない資格で提起するものをいう（ネルソン・ハナダ「ブラジルの民衆訴訟と公共民事訴訟」（『ブラジル開発法の諸相』（アジア経済研究所、1994）301-312 頁。

30)　公共民事訴訟制度の下で、検察庁その他の公共機関は、環境や消費者その他の集団

る贈賄等、行政を不法に害する企業等の役職員による行為に関連して、それら
の役職員が所属する企業等の行政上および民事罰について厳格責任原則を採用
した[31]。なお、行為者がその所属する法人等の利益のために違法行為をなし
た場合、それが法人等の利益のためにだけ行われたものであるのか、またはそ
の他の意図を一部有するものであるのかは問題とならない[32]。

2.　法人処罰法の概要

（1）　行政手続きの主体および規制行為

　ブラジル法人処罰違法第 8 条は、「法人の責任の調査のための行政手続の開
始および審判の権限は行政、立法、司法の三権それぞれの公的機関または公共
団体の長に委ねるものとし、相手方の抗弁および幅広い弁護の権利を保護しつ
つ、職権または告発に基づき手続きを開始する」と規定する。また、連邦行政
権については、「法人の責任に関する行政手続の開始、あるいは開始した手続
きについてその遵守または修正の状況を確定するための本法律に基づいた指図
を行う同等の権限を連邦総監督省（CGU）長官に付与[33]」されている。CGU
は、法律第 10683 号に基づき、2003 年に創設された連邦政府の機関であるが、
2016 年の法律第 13341 号[34] に基づき廃止され、その権限と機能は新組織[35]

的利益に関する損害賠償責任の追及訴訟を提起することが認められた。なお、公共民事
訴訟により民衆訴訟を提起する権利は影響を受けない（同第 1 条）。

31)　Renato de Oliveira Capanema, "Inovações da lei 12.846/2013" in Melillo Donis do
Nascimento（Editor), *LEI ANTICORRUPÇÃO EMPRESARIAL*（Belo Horizonte:
Editora Fórum, 2014) at 17.

32)　法人処罰法第 2 条。

33)　同第 8 条 2 項。

34)　正式名称は、政府組織について規定する 2003 年 5 月 28 日付法律第 10.683 号および
2008 年 12 月 24 日付法律第 11.890 号を改正し、2016 年 3 月 16 日付暫定措置令第 717
号を廃止する 2016 年 9 月 29 日付法律第 13.341 号」。

35)　名称は "o Ministério da Transparência, Fiscalização e Controladoria-Geral da União-
CGU"（日本語訳は透明性促進、監査および監督省）。

に承継された。

　また、法人処罰法第5条は、「本法律の目的において、国内外の公的行政に対する侵害行為とは、第1条の単項[36]において定める法人[37]が行うすべてのもので、国内外の公的財産に対する行為、公的行政の支配原則に反する行為、ブラジルが批准する国際協定に反する行為」であると規定し、次の5つの行為類型を列挙する[38]。

　　　Ⅰ-公務員または公務員と関係のある第三者に対して直接的または間接的に、不当な利益を約束し、申し出、または付与すること。
　　　Ⅱ-本法に定める不法行為の実行に対する融資、費用負担、後援または何らかの形による補助金の支給すること。
　　　Ⅲ-自身の本当の利害関係または実行された行為の受益者の身元を隠蔽または偽装するために、介在者として個人または法人を利用すること。
　　　Ⅳ-公共入札における談合等の不正行為[39]。
　　　Ⅴ-公的機関、公共団体、公務員の調査または監督の活動を妨害すること。

---

36)　同条単項は、「本法は、国内外の公的行政に対する法人の行政上および民事上の厳格責任について定める」と規定している。ここで法人の厳格責任とは、法人について過失の有無は議論されないという趣旨である（Petrelluzi and Rizek, *supra* note 28, at 53）。

37)　ブラジル法人処罰法第1条は、法人格の有無や組織形態にかかわらず、すべての営利社団、会社および組合等に本法が適用される他、外国会社のうち本社、子会社または営業所がブラジル国内に設立されている場合も本法が適用されると規定する。また、2015年には検察庁指針（Nota Técnica No.01/215）を発布し、ブラジル法人処罰法の適用対象は、中小企業を含むすべての法人でありブラジル経済開発銀行（BNDES）の融資を受けている企業も含まれる旨を明確にした。また国営企業への適用に関しては2016年6月30日付法律第13.303号（国営企業、公営企業、混合資本企業およびその関係会社に関する法律）により確認された（同第94条）。

38)　これらは例示ではなく限定列挙であると解される（Petrelluzi and Rizek, *supra* note 28, at 62）。

39)　本項目に関しては、さらに以下の7つの行為類型が規定されている（第5条Ⅳ号）。
a)　公共入札手続の競争的性質を、調整、談合、その他何らかの手段により阻止または不正に利用すること。
b)　公共入札手続の何らかの行為の実行を阻止、妨害、あるいはこれを不正に利用すること。

　上記は、違法行為の行為者である個人の責任を規定するものではない。たとえば、上記Iについては、刑法典第 337-B 条 [40]) が、また公共入札の妨害については法律第 866 号がそれぞれ規定している [41])。

（2）　法人の厳格責任

　法人処罰法第 6 条は、同法に定める侵害行為に対する責任を負う法人に対しての行政制裁を以下の通り規定する。

> 　行政手続開始前の直近の会計年度の総売上高から税金を除いた金額の 0.1%から 20%相当の罰金とし、享受した利益の金額が推定可能な場合は、その金額を下回らないものとする。

　上記 1 項 I 号では、高額な制裁金が予定されているが、同条 4 項は、「本条冒頭の I 項が適用される場合で、法人の総売上高の基準を使用することができないとき、罰金は R $6,000.00 から R $60,000,000.00 までとする」と規定する。問題は、グループ企業法制を採用する同国において、法第 6 条条 1 項 I 号が定める総収益（faturamento bruto）が、違反行為を行った企業の単体の総収益であるのか、またはその企業グループ全体の総収益であるのか、さらにブラジ

---

c)　不正な方法または何らかの種類の利益の供与により入札者を除去するか、その除去を試みること。

d)　公共入札または過去の入札による契約を不正に利用すること。

e)　公共入札への参加または行政契約の締結を目的として、詐欺的または変則的な方法により法人を設立すること。

f)　法律による許可のない場合、公共入札の実施公告または各契約関連文書に定める行政との間の契約の変更または延期から、不正方法で不当な利益または恩恵を獲得すること。

g)　行政との間の契約の金銭的・財務的バランスを操作したり、不正に利用したりすること。

40)　前注 17 参照。

41)　法人処罰法に定める制裁の適用は法律第 8429 号、法律第 8666 号等の適用に影響を与えない（法人処罰法第 30 条）。

ル国内の総収益に限定されるのか否かが条文上では明確でない点である。ちなみに同法は、ブラジル企業のみならず、同国に本社、支店、営業所等を有する企業に適用され[42]、また「支配会社、被支配会社、関連会社、あるいは該当する契約がある場合は企業連合の構成会社は、本法に定める行為の実行について連帯して責任を負う」[43]。

Ⅱ – 有責に関する特別公告

法第6条5項は、「有責の特別公告は、決定書の抜粋の形で発表され、法人の負担により、違法行為のあった領域および法人の活動領域で発行部数の多い通信媒体を通じて、またはそれが存在しない場合には全国紙において、さらに公告にも添付することで、30日以上の期間にわたり、法人の施設内または業務活動を行う地域における公衆の目に触れる形で、さらにインターネット上の電子ウェブサイト上でもこれを公表するものとする」と規定している。

法人は、それを代表する代理人（agente）または機関が、法人のために、または法人の便益のために行った場合、本法案に定める責任を有する。法人は、その代理人が法人の利益のために違法な行為を行った場合に生じるものであり、その代理人が権限を越えて行った場合、利益が法人に実際に生じない場合、その他直接的な利益が生じない場合であっても法人の責任には影響を与えない。

（3）　制裁金の計算

政令第8420号（2015年3月18日）[44]は、制裁金の計算について規定しているが、その概要は下記の通りである。基準となるのは、行政調査開始前の直近の決算期における該当法人の総収入（a faturamento bruto）から支払った

---

42)　法人処罰法第1条単項。

43)　同第4条2項。

44)　DECRETO Nº 8.420, DE 18 DE MARÇO DE 2015, Regulamenta a Lei no 12.846, de 1o de agosto de 2013, que dispõe sobre a responsabilização administrativa de pessoas jurídicas pela prática de atos contra a administração pública, nacional ou estrangeira e dá outras providências.

加算要素は下記の各項目の合計額である（政令第17条）。

基礎金額の1-2.5%	違法行為が継続して行われた場合	第17条Ⅰ号
基礎金額の1-2.5%	該当法人の執行機関または監査機関が違法行為の存在を知っていた場合	同条Ⅱ号
基礎金額の1-4%	公共サービスまたは契約された事業に中断が生じた場合	同条Ⅲ号
基礎金額の1%	general solvency、general liquidity および net profit により計算した利益水準	同条Ⅳ号
基礎金額の5%	過去5年以内に該当企業が法人処罰法に違反している場合	同条Ⅴ号
基礎金額の1-5%	違法行為の対象となる契約の金額水準による	同条Ⅵ号

次に、減額要素は下記の各項目の合計金額である（政令第18条）。

基礎金額の1%	違法行為が未遂で会った場合	第18条Ⅰ号
基礎金額の1.5%	違法行為により損害を被った当事者に賠償したことを証明した場合	同条Ⅱ号
基礎金額の1-1.5%	該当企業がLeniencyを除くその他の協力を当局に提供した場合	同条Ⅲ号
基礎金額の2%	行政調査が開始される前に該当企業が自主的に違法行為を通知した場合	同条Ⅳ号
基礎金額の1-4%	本規則第6節のコンプライアンス・プログラム（programa de integridade）を該当企業が有し、実行していた場合	同条Ⅴ号

税金額を控除した額（以上「基礎金額」）である（政令第17条本文）。

　例えば100億レアルの基礎金額を有する企業が、加算要素のすべてに該当した場合は、10-20億レアルの課徴金額となる。また、減額要素が最大である場合、10億レアルの減額、減額要素が最小の場合は、6.5億レアルの減額となる。なお、課徴金額が0以下になった場合は、原則として基礎金額の0.1％相当額（上記例では1,000万レアル）の課徴金額となる（政令第19条Ⅰ号）。

（4） 責任の賦課に関する行政手続の主体

　法人処罰法第 8 条は、「法人の責任の調査のための行政手続の開始および審判の権限は行政、立法、司法の三権それぞれの公的機関または公共団体の長に委ねるものとし、相手方の抗弁および幅広い弁護の権利を保護しつつ、職権または告発に基づき手続きを開始する」と規定する。また、連邦行政権については、「法人の責任に関する行政手続の開始、あるいは開始した手続きについてその遵守または修正の状況を確定するための本法律に基づいた指図を行う同等の権限を連邦総監督省（CGU）長官に付与 [45]」されている。CGU は、法律第 10683 号に基づき、2003 年に創設された連邦政府の機関であり、行政府内においては、公共の資産を保護し、内部統制活動を通じて行政の透明性を高め、共和国大統領の支援を担当している（新組織に関して前述 2（1）を参照のこと）。

　法第 7 条は、同法上の制裁の適用に際しては、以下の 9 項目を考慮すると規定している。

> Ⅰ – 違反行為の重度
> Ⅱ – 違反した者が取得した利益または取得を試みた利益
> Ⅲ – 違法行為の既遂の有無
> Ⅳ – 損害または損害の危険の大きさ
> Ⅴ – 違法行為により生じた負の効果
> Ⅵ – 違反者の経済状況
> Ⅶ – 違法行為の調査のための法人の協力
> Ⅷ – 法人内における内部統制、監査、内部告発、倫理規定、行動規定に関する制度および手順の有無（Integrity Program について下記（5）を参照）
> Ⅸ – 損害を受けた公的機関または公共団体と法人との間で交わしていた契約の価値

　また、同条単項は、上記第 Ⅷ 項に定める制度および手順の評価基準につ

45）　同第 8 条 2 項。

いては、連邦行政府の規則で定めると規定している [46]。法人内部における内部統制やコンプライアンス・プログラムの水準については、OECD のハンドブック [47] やアメリカ司法省が既に公表している資料 [48] が参考になるであろう [49]。

（5）Integrity Program（o programa de integridade）の抗弁について

　上記の通り法人処罰法は、行政制裁について、無過失責任原則を採用しているが、違法行為に関連した企業が当局にコンプライアンス・プログラム（programa de integridade）に基づく抗弁（有効なコンプライアンス・プログラムが機能していたことを理由に制裁の軽減を主張するもの。いわゆるコンプライアンスの抗弁であり、以下にコンプライアンス・クレジットという用語の意味も同様である）を申し立てた場合、当局は規則第 4 節の基準に従って、その適合性を判断する（政令第 5 条 4 項）。政令第 42 条は、以下のとおりプログラムが認定されるための 16 の要素を規定している。

　なお、プログラムが認定されるための下記の 16 の要素を判断するについては該当企業の従業員数、法人組織の複雑性、代理店等の有無、業界の特性などの諸条件が考慮されることになっている（政令第 42 条 1 項）。

---

46)　法人処罰法第 7 条単項。

47)　OECD, Anti-Corruption Ethics and Compliance Handbook for Business（28 November 2013）, available at: http://www.oecd.org/corruption/anti-corruption-ethics-and-compliance-handbook-for-business.htm.（2019 年 11 月確認）

48)　Criminal Division of the U.S. Department of Justice and the Enforcement Division of the U.S. Securities and Exchange Commission, FCPA Resource Guide to the U.S. Foreign Corrupt Practices Act（November 14, 2012）, available at: http://www.justice.gov/criminal/fraud/fcpa/guide.pdf.（2019 年 11 月確認）

49)　Petrelluzzi and Rizek, *supra* note 28, at 76-77. なお、CGU に各社のコンプライアンス・プログラムを登録し公表する制度が既に存在するという。

Integrity program の制定・適用について法人上級管理者が約束し、かつ十分で疑いようのない支援を行っていること	Ⅰ号
行動基準、倫理規範、policy and procedure of integrity（「コンプライアンス準則」）が職位や階級に関わりなくすべての役職員に適用されること	Ⅱ号
コンプライアンス準則が、原料供給者、役務提供者、代理人などの第三者にも適用されていること	Ⅲ号
定期的なプログラムのトレーニング	Ⅳ号
定期的にプログラムの適用に関するリスク要素を検証すること	Ⅴ号
法人の活動について完全かつ精密に会計帳簿に記載すること	Ⅵ号
法人の財務書類の的確性と信頼性が保証されるための内部統制	Ⅶ号
詐欺的または不正な行為が防止されるための手続が明確にされること	Ⅷ号
法人の内部においてプログラムの実施に関する監査が独立性をもって行われていること	Ⅸ号
法人内部または第三者による不正行為や疑わしい行為についての通報体制が構築されていること	Ⅹ号
プログラム違反が生じた場合は対象者に懲戒が行われること	ⅩⅠ号
不正行為が速やかに発見され、それが修正されるための手続が明確であること	ⅩⅡ号
原料供給者、役務提供者、代理店などとの契約に関してチェック体制が存在すること	ⅩⅢ号
法人の合併や再編に際して不正や異常な取引等の存在について調査が行われること	ⅩⅣ号
プログラムについての継続的モニタリングが実施されること	ⅩⅤ号
議院候補者や政党への献金について透明性が確保されていること	ⅩⅥ号

（6）司法的（民事）責任について

　法人処罰法第18条は、「行政手続における法人の責任は、その司法的責任の可能性を排除するものではない」と規定する。続いて同第19条は、「本法第5条に定める行為の実施を理由として、連邦総監督省長官、州政府、連邦直轄区、市町村政府はそれぞれの検察当局、司法当局またはこれと同等の組織、あるいは国家検察庁を通じて、違法行為を行った法人に対して以下の罰則を適用することを視野に入れ、当該行為に対する判断を下すことができるものとする」と規定している。

　　I－財産、権利、違法行為により取得した優遇または直接的・間接的利益に相当する価値の喪失。ただし被害者または善意の第三者の権利はこの対象から除外される。

　　II－活動の部分的な停止または禁止

　　III－法人の強制的解散

　　IV－最低 1 年かつ 5 年を上限として公的機関または公共団体、公的金融機関または公的機関が支配する金融機関からの奨励金、補助金、助成金、寄附金、借入金の受け取りの禁止

さらに同条 1 項は、以下の通り法人の強制解散の可能性を規定している。

　　以下のいずれかの事実が証明された法人は、強制解散の決定を受けるものとする。

　　I－法人格が不法行為実行の便宜または促進のために習慣的に利用されていた事実。

　　II－不法行為の関与または実行された行為の利益の存在を隠蔽または偽装していた事実。

なお、司法的責任の賦課については、1985 年 7 月 24 日付法律第 7347 号[50]に定める責任賦課のための司法的手続きが採用される。

（7）　リニエンシー合意（Acordo de Leniência）について

　ブラジルはその競争法[51]においてもアメリカ型のリニエンシー制度を採用したが、法人処罰法においても同第 16 条は、各公的機関または公共団体の長は、同法に定める行為の実行に責任を負う法人との間で制裁減免の合意をなし、調査および行政手続に対する効果的な協力を要請することができると規定した[52]。

---

50)　法人処罰法第 21 条。なお、法律第 7347 号は、環境または消費者等に生じた損害賠償責任を追求するための公共民事訴訟（ação civil pública）に関する法律。

51)　2011 年 11 月 30 日付法律第 12529 号。

52)　法人処罰法第 16 条 1 項。

　2015年3月の政令第3節は、リニエンシー合意について規定している。この合意をなす権限は、連邦総監督局（Controladoria-Geral da União）に付与されている（政令第29条）。Leniencyを申告する法人は、法人処罰法または憲法第37条第XXI号に基づき公共入札にかかる規則を定める1993年6月21日付法律第8666号に違反した法人（政令第29条）で、当該法人以外の違反当事者について情報を提供するか（申告者以外に違反者が存在する場合）、違反の証拠となる明白な証拠を提供した法人である（第28条Ⅰ号・Ⅱ号）。また、リニエンシー合意に必要な項目は下記の通りである。

特定された違法行為の調査について当局に協力を申し出た最初の法人であること	第30条Ⅰ号
違法行為への関与を完全に中止していること	同条Ⅱ号
行政への不正行為について関与したことを認めること	同条Ⅲ号
違法行為の調査に十分な協力を行うこと	同条Ⅳ号
行政への不法行為に関する情報や書類等を提供すること	同条Ⅴ号

　なお、制裁の減免に合意した法人は、第6条Ⅱ項および第19条Ⅳ項に定める罰則を免除され、適用される罰金について2/3（3分の2）まで減額される[53]。また、制裁の減免合意の効力は、所定の条件を満たす場合、この条項に連名で署名し、事実上および法律上、同じ経済グループに含まれる法人にも援用される[54]。

Ⅲ. チリ法人処罰法およびコロンビア法人処罰法との比較

　上述の通り、ブラジル法人処罰法の成立と前後して、チリおよびコロンビアにおいて法人処罰法の立法例がみられることから、これらを概観することによって、ブラジル法人処罰法の特徴を検討する。

---

53)　法人処罰法第16条第2項。
54)　法人処罰法第16条第5項。

1.　チリ法人処罰法

　チリ刑法典は、1874 年に制定されその翌年から施行された。同法典は、現在もその効力を維持している。同法典第Ⅱ部（犯罪各論）第 6 章[55]には、国内の公務員への贈賄罪[56]が規定され、また公務員による収賄罪[57]が規定されているところ、法律第 19.829 号[58]および第 20.341 号[59]により、外国公務員等への贈賄に対する刑罰規定が、チリ刑法（第 251 条の 2 および第 251 条の 3）に規定された。ただし当該規定の適用対象は自然人に限定される。

　大陸法の法体系の伝統を承継するチリにおいて、従来から法人はその関係者による犯罪について刑事責任を問われることはないと考えられてきたが、チリ政府は 2009 年 3 月に法人の刑事責任に関する法案を国会に提出し、これが同年 11 月に法律第 20393 号[60]（以下「チリ法人処罰法」という）として公布された。

　チリ法人処罰法は、法人に対して刑事責任を追求する前提として、①法人関係者（自然人）によるチリ法対象犯罪行為の存在、②上記行為が直接または間接的に法人の利益のために行われたか、それらが法人関係者の直接的または間接的関与によって行われたこと、ならびに③上記行為が法人の指揮監督義務（deveres de dirección y supervisión）違反の結果として生じたことの 3 要件を列記している[61]。なお、チリ法人処罰法は、上記③で掲げられた法人の監

---

55)　同章は公共秩序および公衆安全を脅かす罪について規定する。

56)　チリ刑法第 250 条。何人も公務員（el empleado público）の権限の範囲内の作為または不作為の対価として、公務員または第三者に対し、経済的利益を供与またはその約束をした場合は、2 か月以上 3 年以下の禁錮刑および公務員資格停止処分に処される。

57)　チリ刑法第 248 条、第 248 条の 2 および第 249 条。

58)　賄賂に関する刑法典を改正する法律第 19.829 号（公布日 2002 年 9 月 30 日）。

59)　行政機関に対する特定犯罪の規制に関連して刑法典を改正する法律第 20.341 号（公布日 2009 年 4 月 16 日）。

60)　正式名称は「資金洗浄罪、テロ組織への資金供与罪および贈賄罪に関する法人の刑事責任を定める 2009 年 12 月 2 日付法律第 20393 号」。

61)　チリ法人処罰法第 3 条第 1 項。

督責任が具体的にどのような内容であるのか直接的には規定していないが、この点同法が定めるコンプライアンス・プログラム（modelo de prevención de los delitos）を、法人が法人関係者によるチリ対象犯罪への関与が認定された時点より前に採択し実施していた場合は、同法人は監督責任を履行していたものとみなすと規定している[62]。このように、法人の指揮監督義務をコンプライアンス・プログラムの策定・実施と実質的に同視するかのような法律構成がチリ法人処罰法の特色である。なお、法人関係者が、それら自身または第三者の利益をはかることのみを意図してチリ法対象犯罪に関与した場合も、当該法人についての刑事責任は生じない[63]。

　チリ法人処罰法は、その対象犯罪をマネーロンダリング罪、テロ組織への資金提供罪および国内または外国公務員への贈賄罪と広く定めているが。また、法人関係者を支配者、責任者、代表者、幹部職員または管理者と広く定義しているが、法人関係者[64]の違法行為が「直接または間接的に法人に対する何らかの利益のために行われた場合」という限定が存在し、かつ当該違法行為が法人に課された指揮監督義務に違反した結果であることを条件としている[65]。さらに法人処罰法第3条3項は、法人の構成員等が犯行に及んだとしても、それ以前に当該法人が、法人組織、運営および法人処罰法に規定するコンプライアンス・プログラムを確立し、それを実施していた場合には当該法人は指揮監督義務を履行していたものと推定されるので、コンプライアンス・プログラムの公的機関による認証制度も併せ考慮すると、そうした認証を経ている法人に対して刑事責任を追及することは、事実上困難であると予想される。

---

62)　チリ法人処罰法第3条第3項。

63)　チリ法人処罰法第3条第4項。

64)　法人関係者は、支配者、責任者、代表者、幹部職員または管理者と広く定義されている。

65)　チリ法人処罰法第5条。

2.　コロンビア法人処罰法

　コロンビアは、2004 年の刑事訴訟法の改正を通じて法人に対して法人格の一時停止処置や強制的解散措置を命じる権限を裁判所に付与した。その後、2011 年腐敗防止法（以下「コロンビア腐敗防止法」という）[66] の制定を経て、2016 年に至って法人処罰法（以下コロンビア法人処罰法）という）[67] が制定され。

　コロンビア腐敗防止法の下では、法人に行政制裁が下される前提として、法人代表者または業務執行者が行政機関に対する犯罪に関与し、さらにその目的が法人の利益獲得に向けられていた場合に限定されていた。ところが、コロンビア法人処罰法は、法人関係者の範囲を拡大[68] し、それらが国際取引に関連して海外公務員に、利益供与等の申し入れをし、または約束をした場合に当該法人に対して行政制裁が科されることになった。また、法人による当該作為または不作為について行政責任を追及するための調査およびその処分は、犯行者（自然人）に対する責任追及とは独立した調査であり、犯行者に対する有罪判決の有無にかかわりなく実施される[69]。

　コロンビア法人処罰法の下で、法人に対して法人関係者（自然人）に対する責任追及とは独立して、法人に対する責任が追及される対象犯罪は、外国公務員等に対する贈賄罪に限定されている。その他の、行政機関に対する刑事犯罪または公的資産に関連する可罰的行為については、法人の法的代表者または業務執行者が犯行に関与した場合に限定され、また制裁金については、法人関係

---

66)　正式名称は「腐敗行為を予防、調査および制裁賦課を強化し行政の実効的管理に関する 2011 年 7 月 12 日付法律第 1474 号」。

67)　法律第 1778 号（2016 年 3 月 11 日公布）。正式名称は「海外腐敗行為に関する法人の責任を規定し、腐敗撲滅に関するその他の措置を規定する 2016 年 2 月 16 日付法律第 1.778 号」。

68)　当該法人または当該法人に従属する法人の従業員、役員、取引先（contratistas）、関係者（asociados）が法人処罰法の下での関係者とされる（コロンビア法人処罰法法第 2 条）。

69)　コロンビア法人処罰法第 4 条。

者に対する刑事罰が確定することを条件としている。

　外国公務員等に対する贈賄罪について、コロンビア法人処罰法の特徴は、法人関係者による不正行為について、法人に無過失責任を問うブラジル法人処罰法との共通性が見いだされ、そこではコンプライアンス・プログラムの策定と実施は、法人に対する行政制裁の縮減の一要素となる[70]が、このプログラムの実施によって法人の有責性は阻却されない。

Ⅵ. ま　と　め

　ブラジルは、OECD 条約のみならず国連腐敗防止条約についても 2003 年に署名し 2005 年に批准している。国内法では、2011 年に全面改正された改正競争法[71]の他、マネーロンダリング規制法[72]は、2012 年に改正され不正な資産・権利その他の財物の隠蔽全般に適用されることになった[73]。また、2013 年には組織犯罪処罰法[74]が制定された。このようにブラジルは、腐敗や組織犯罪の撲滅に関する国際協約で定められた義務を履行すべく、経済犯罪に関する法制を整備し、その執行を強化しつつある。

　2013 年 8 月に制定された法人処罰法において、米国等では既に存在する制度[75]ではあるが、コンプライアンス・クレジットの制度が導入された。これがどのような条件の下でコンプライアンス・クレジットが認められるかについて政令の制定が待たれていたが、2015 年 3 月の政令第 8420 号がその諸条件を規定している。

　法人処罰法については、米国の海外腐敗行為防止法や英国贈収賄法など、

---

70)　コロンビア法人処罰法第 7 条 1 項 7 号。

71)　改正競争法は、2012 年 4 月 30 日から施行された。

72)　1998 年法律第 9613 号。

73)　2012 年法律第 12683 号。

74)　2013 年法律第 12850 号。

75)　アメリカ法のもとでのコンプライアンス・クレジットについて、拙稿「アメリカ連邦量刑ガイドラインの下で不正行為への罰金はどのように算定されるか」(Business Law Journal, 2013.10 pp. 106-113) 参照。

コモンロー諸国にとどまらず大陸法諸国にも広がりを示しており、例えばフランスの 1994 年刑法[76)]をはじめとしてイタリアの 2001 年立法府命令第 231 号[77)]、やスペインの 2010 年 6 月 22 日付け法律第 5 号[78)]などを挙げることができる[79)]。上述の通り、ラテンアメリカ諸国においても 21 世紀以降、法人関係者による腐敗行為について、法人に対する制裁を規律する立法が顕著にみられる。それを刑事罰として立法する諸国であっても、また行政制裁と規定する諸国であっても、適正なコンプライアンス・プログラムの実施を犯罪構成要件に組み入れ、または制裁の縮減要素として規定するなど、法政策面に法人による主体的プログラムの普及に注力している姿勢が共通している。

　米国においては、1909 年の New York Central & Hudson River Railroad Co. v. United States 事件判決[80)]において、国会はエージェントによる違法行為について法人に刑事罰を科す権限が確認された。ラテンアメリカでは最初となるチリ法人処罰法は、2009 年に制定されたので、そこにはほぼ 1 世紀の間隙が存在する。その間、米国においては、組織体に関する連邦量刑ガイドライン[81)]が 1991 年に制定された結果、効果的なコンプライアンス・プログラムを実施し、かつ当局の捜査に協力することで法人は最大 95％について量刑の縮減が可能となった[82)]。それは必然的にコンプライアンス・プログラムの

---

76)　Mark Pieth and Radha Ivory (Eds), Corporate Criminal Liability: Emergence, Convergence, and Risk (Springer, 2011) at 147-176.

77)　Decreto Legislativo 231 del 2001.

78)　正式名称は「1995 年 11 月 23 日付組織法第 10 号を改正する 2010 年 6 月 22 日付組織法第 5 号」。

79)　法人処罰法の展開に関しては Edward B. Diskant, "Comparative Corporate Criminal Liability: Exploring the Uniquely American Doctrine Through Comparative Criminal Procedure", *118 Yale L.J. 126* (2008) 参照。

80)　N.Y.Cent. & Hudson River R.R. v. United States, 212 U.S. 481, 493-98 (1909).

81)　1991 Federal Sentencing Guidelines for Organizations

82)　Peter J. Henning, "Symposium: The FCPA at Thirty-five and Its Impact on Global Business: Key note: Be Careful What You Wish For: Thoughts on a Compliance Defence Under the foreign Corrupt Practices Act", 73 Ohio St. L. J. 883, at 896.

普及につながっていく。さらに法人処罰論の議論は、組織法の分野でも展開される。つまり、法人を運営する役員の責任の範囲について、従来は特段明らかな疑いがなければ役員は不正に関して調査義務を負わないとされていた[83] が、Caremark 事件判決[84] によって内部統制システム構築に関する役員の責任が明確にされた。さらに、エンロン事件を契機に企業改革法[85] が 2002 年に制定され、2006 年にはドッドフランク法[86] が制定されるなど会社法のみならず証券法・証券市場法の領域に議論が波及している。

　翻ってラテンアメリカ諸国の会社法に目を転じると、総じて古く近代化が図られていない[87]。また証券市場法制に関してもコーポレート・ガバナンスや内部統制などについて十分な整備が進められていない状況にある[88]。また、同族経営企業が多く株式所有の集中度が高い企業形態や、国営企業が産業の主要部分を占めるといったラテンアメリカ特有の企業形態についてもコーポレート・ガバナンスのあり方や内部統制の仕組みを議論する際に検討が必要となるであろう[89]。

　法人処罰法の導入は、法人による腐敗行為の防止措置を促進する上で、結果的には一定の効果が認められると思われるが、その反面一部の構成員による

---

83) 　Graham v. Allis-Chalmers Mfg. Co., 188 A.2d 125（Del. 1963）

84) 　In re Caremark International Inc. Derivative Litigation, 698 A.2d 959（Del. Ch. 1996）

85) 　Sarbanes-Oxley Act of 2002, Pub. L. No. 107-204, 116 Stat. 745（2002）.

86) 　Dodd-Frank Wall Street Reform Act and Consumer Protection Act, Pub. L. No. 111 -203, §922, 124 Stat. 1376（2010）（codified at 15 U.S.C. §78u-6（2006））.

87) 　ラテンアメリカ諸国全般のコーポレート・ガバナンスに関しては Alberto Chong and Florencio López-de-Silanes, "Corporate Governance in Latin America"（Inter- American Development Bank, Research Department, Working Paper #591 を参照。ブラジル会社法については、拙稿「ブラジル企業法制の基礎（第 2 回）ブラジル会社法の概要」（国際商事法務、第 40 巻 3 号　423-430 頁（2012））参照。

88) 　ブラジルの証券市場法制について拙著「ブラジル企業法制の基礎（第 3 回）ブラジル資本市場法の概要」（国際商事法務、第 40 巻 4 号　590-596 頁（2012））参照。

89) 　Mierta Capaul, Corporate Governance in Latin America（Word Bank, 2003）.

違法行為の責任について必ずしも帰責性が認められない株主に経済的負担を強いる結果となり、また当該法人の従業員や取引先にも悪い影響を及ぼしかねない。法人は、形式的にコンプライアンス・プログラムを導入するのではなく、内部統制の仕組みを構築しつつ、それを実効的に運用するメカニズムを構築する必要がある。ラテンアメリカ諸国は、政治腐敗に抗議する民衆運動に後押しされる形で、腐敗行為防止法および法人処罰法を制定した。それは腐敗撲滅に向けた大きな一歩ではあるが、腐敗を根絶するには収賄組織および贈賄側となる法人のコンプライアンス態勢の確立や倫理的活動の確保が不可欠である。今後は行政組織法、会社法や証券市場法の変革を通じて、役員および管理職員による内部統制システム構築の義務を確立するなど多角的な法整備が必要であろう。

【第Ⅱ編第3章の参考文献】

阿部博友「ラテンアメリカ諸国における法人処罰法 ― 腐敗撲滅に向けた法的取組 ―」（柏木昇・杉浦保友・森下哲朗・平野温郎・河村寛治・阿部博友編著『国際取引の現代的課題と法』（信山社、2018年）99-122頁

阿部博友「ブラジル腐敗行為防止法の概要」国際商事法務、第42巻7号（2014年）1086-1089頁

Abbot, Kenneth and Snidal, Duncan, "Values and Interests: International Legalization in the Fight Against Corruption", *31 Journal of Legal Studies 141*（2002）

Giorleny D. **Altamirano**, "The Impact of the Inter-American Convention Against Corruption", *38 U. Miami Inter-Am. L. Rev. 487*（2007）

Renato de Oliveira **Capanema**, "Inovações da lei 12.846/2013" in Melillo Donis do Nascimento（Editor）, *LEI ANTICORRUPÇÃO EMPRESARIAL*（Belo Horizonte: Editora Fórum, 2014）

Kevin E. **Davis**, "Does the globalization of anti-corruption law help developing countries?", in Julio Faundez and Celine Tan（Eds）, International Economic Law, Globalization and Developing Countries（Edward Elgar, 2012）at 283.

Peter J. **Henning**, "Symposium: The FCPA at Thirty-five and Its Impact on Global Business: Key note: Be Careful What You Wish For: Thoughts on a Compliance Defence Under the foreign Corrupt Practices Act", 73 Ohio St. L. J. 883, at 896.

Melillo Donis do **Nascimento** (Editor), *LEI ANTICORRUPÇÃO EMPRESARIAL* (Belo Horizonte: Editora Fórum, 2014)

Joseph S. **Nye**, "Corruption and Political Development: A Cost-Benefit Analysis", 61 AM. POL. SCI. REV. 417, 419 (1967).

Marco Vinicio **Petrelluzi** and Rubens Naman Rizek Junior, *LEI ANTICORRUPÇÃO* (São Paulo: Saraiva, 2014)

Mark **Pieth** and Radha Ivory (Eds), *Corporate Criminal Liability: Emergence, Convergence, and Risk* (Springer, 2011)

第**4**章
国際商事仲裁と法

I. はじめに

　ブラジルにおける仲裁の歴史は古く、1824 年憲法にまで遡るといわれているが、1867 年の政令第 3900/1867 号は、紛争が現実に生じる前に当事者間でなされた仲裁合意は、紛争発生後に再度当事者間で、その紛争について仲裁を通じて問題解決する旨の合意がなされない限り有効な仲裁合意とは言えないと規定するなど、仲裁合意についてブラジル特有の法制がとられた。1911 年に制定された同国民法典のもとでも、この伝統が承継されたため、本来裁判の代替となるべき紛争解決手段としての仲裁手続は、ブラジルにおいてその機能を十全に発揮することができなかった[1]。

　その転機となったのが、1996 年仲裁法[2] の制定である。1970 年代以降、欧州ではベルギー（1972 年）、フランス（1980 年）、ポルトガル（1986 年）、イタリア（1983 年）そしてスペイン（1988 年）が相次いで新たな仲裁法を制定する状況のもとで、仲裁手続の低廉性、迅速性そして秘密保持性などの特色に着目しつつ、ブラジルにおいても新たな仲裁法制定に向けた作業が開始され

---

1)　Carlos Alberto Carmona, *Arbitragem e Processo: Um Comentário à Lei No. 9.307/96* [3a Edição] (São Paulo: Editora Atlas SA, 2009), at 1.

2)　Lei nº 9.307, de 23 de Setembro de 1996. 正式名称は、「仲裁について規定する 1996 年 9 月 23 日付法律第 9307 号」であり、1996 年 9 月 24 日に連邦官報に公布され、その 60 日後から施行された。

た。1981 年には第一次法案が起草され、その後 1986 年法律案を経て、1988 年には最終的な法案がとりまとめられた[3]。ブラジル仲裁法は、スペインの 1988 年仲裁法[4] および 1985 年に国連国際商取引法委員会（UNCITRAL）が採択した国際商事仲裁モデル法（以下「モデル法」という）を参考にした[5]が、例えば後述する仲裁法第 4 条 2 項などモデル法と異なる規定も少なくない。同法は、モデル法とほぼ同じく、第 1 章　総則、第 2 章　仲裁合意とその効力、第 3 章　仲裁人、第 4 章　仲裁手続、第 5 章　仲裁判断、第 6 章　外国仲裁判断の承認と執行、第 7 章　最終規定という構成で、全体で 44 の条文で構成されている。1996 年の仲裁法制定当時は、本法によりブラジルは arbitration-friendly な法制にシフトし、国際商取引における紛争解決について仲裁制度の活用が図られるであろうとの見解がみられた[6]。

　また、ブラジルは 2002 年には外国仲裁判断の承認および執行に関するニューヨーク条約（1958 年採択。1959 年発効。以下「NY 条約」という）を批准している[7]。そしてブラジルにおいて、外国仲裁判断の承認および執行の権限は、かつては連邦最高裁判所（STF）にあったが、2004 年の憲法修正第 45 号[8] によって、その権限が連邦高等裁判所（STJ）に移管された。現在では、ブラジル民事訴訟法第 483 条に基づき、外国仲裁判断は STJ 規則[9] に従い、同裁判所によって承認されなければブラジル国内においてその効力は認められない。

　Resil v. MBV 事件[10] は、1996 年仲裁法の施行後はじめて外国仲裁判断のブ

---

3)　Carmona, *supra* note 1 at 4-14.

4)　Ley 39/1988, de 5 de Diciembre de 1988, de Arbitraje. スペインの仲裁法はその後 2003 年に改正された（Ley 60/2003, de 23 de diciembre, de Arbitraje）。

5)　Carmona, *supra* note 1, at 11.

6)　Welber Barral & Rafael Bicco Machado, 'Civil Procedure and Arbitration', in Fabiano Deffenti & Welber Barral (Editors), *Introduction to Brazilian Law* (The Netherlands: Wolters Kluwer, 2011), at 200.

7)　Decreto n° 4.311, de 23 de Julho de 2002 （外国仲裁判断の承認と執行に関する条約の公布に関する 2002 年 7 月 23 日付政令第 4.311 号）。

8)　Emenda Constitucional n. 45/2004. 1988 年憲法第 105 条の修正を含む。

9)　Resolução STJ 9, de 4 de maio de 2005

10)　STF, Appeal 5206-Spain （MBV Commercial and Export Management Establishment

ラジルにおける承認・執行がブラジルの裁判所に求められた事件であるが、本事件に関連して、ブラジル最高裁判所は、2001 年 12 月に 1996 年仲裁法は連邦憲法の諸規定に違反しないとの判断を示した。この決定は大法廷においてなされたが、参加した 11 名の判事の内 4 名は仲裁法の合憲性について反対するとの意見を表明した。その 4 名の判事の一人である。Sepúlveda Pertence 判事は、当事者の一方が、仲裁付託合意書（"compromisso"）に署名することを拒絶した場合であっても、仲裁条項は有効であるとする仲裁法の規定は、1988 年憲法に違反すると述べている。しかし本判定は、仲裁法の合憲性に関する最高裁判所の国内で最初の判断であり、当事者がその自由意思で仲裁による紛争解決を図ることに合意したとしても、それは連邦憲法が保障する原則に反しないことが明らかになった[11]。

　さらに、2015 年の法律第 13129 号[12]（以下「改正法」という）によって、1996 年仲裁法の適用範囲が拡大[13]されると共に、仲裁の開始による時効の中断や緊急時の仮処分[14]に関する規定の新設などの修正がなされた。

---

　　v. Resil Industria e Comércio Ltda.）

11)　制度上は当該判断は下級裁判所を拘束するものではないが、事実上当該判断によって仲裁法の合憲性は疑いのないものとなった。

12)　Lei Nº 13.129, de 26 de maio de 2015. 本法は、1996 年仲裁法および 1976 年株式会社法を一部改正する法律である。

13)　改正法によって、行政事件に関する紛争や株式会社法に関わる紛争についても仲裁が活用できることになった（仲裁法第 1 条第 1 項および第 2 項。第 2 条第 3 項。第 136 -A 条参照）。ただし、消費者契約および労働契約に関しては、当事者間の紛争について、強制的に仲裁によって解決することは認められない。消費者契約については、民事訴訟法第 51 条第Ⅶ号参照。なお、労働契約に関する紛争解決について仲裁によることが認められない点については、2015 年 5 月 22 日の連邦最高裁判所判決（25900-67.2008.5.030075）が存在する。

14)　仲裁法第 22-A 条。

Ⅱ. 仲裁法の下での仲裁合意の要件

　ブラジル法の下で、仲裁合意に基づき紛争が生じた場合でも訴訟を提起する権利を放棄して仲裁により紛争解決を図る旨を合意することができるが、その根拠としては、紛争解決手段としての仲裁手続きを当事者が自主的に選択し合意したことが前提であり、それが防訴抗弁としての効力が認められる唯一の法的根拠であるとされる[15]。また、ブラジル法の下では、仲裁条項（cláusula compromissória）と仲裁付託合意（compromisso arbitral）は区別して議論され、両者を包括する概念を仲裁合意（convenção de arbitragem）と称している[16]。仲裁条項は、通常の取引契約書に規定される仲裁条項を意味し、契約締結時に当該契約に関連する当事者間の紛争については、仲裁により解決を図る旨を事前に合意するものである。これに対して、仲裁付託合意とは、個別紛争が生じた後に当事者間で当該紛争の解決について仲裁に付託する旨を合意するものであり、1996年仲裁法が施行される以前は、単なる仲裁条項の存在という事実のみでは防訴抗弁の効力が認められなかった[17]。つまり旧法のもとでは、取引契約書に仲裁条項を規定しても、具体的な紛争事案が生じた後に、さらに当事者間で当該紛争について仲裁に付託する旨の仲裁付託合意が存在しなければ、一方の当事者がブラジル国内の裁判所に訴訟を提起した場合でも、仲裁条項の存在を示すことにより当該訴訟手続を停止させることは認められず、こうした事情が、ブラジルにおいて商事紛争解決手段としての仲裁は機能しないと考えられていた理由であった。しかし、1996年仲裁法は、上記の状況を一変させた。つまり、仲裁条項が当事者間の合意の結果として存在する場合は、仲裁付託合意がなされた場合はもちろん、そうでない場合であっても仲裁条項が有効なものであれば防訴抗弁としての効力が認められ

---

15)　Carmona, *supra* note 1, at 16.

16)　仲裁法第3〜5条。

17)　Carmona, *supra* note 1, at 100.

るようになった[18]。

　モデル法に準拠して、仲裁法の下で仲裁合意は、書面で合意されなければ
ならない[19]。しかし、第 4 条 2 項は、「相手方書式による契約」に規定された
仲裁条項に関する規定であるが、モデル法には存在しない条項であり、当事者
による署名等の要件を要求している[20]。ここで「相手方書式による契約」とは、
一方の当事者があらかじめ準備している契約書式を受容当事者に一方的に受
け容れさせるもので、その経済力の差により受容当事者は当該契約条項につい
て話し合いをすることも、抜本的な修正をすることもできないものであるとさ
れる（本書では附合契約および約款も同種の契約類型として論じている）[21]。
ちなみにブラジル消費者法第 54 条においては、「相手方書式による契約」とは
「権限を有する当局によって承認を受けた契約条項、または商品またはサービ
スの供給者が一方的に定めた契約条項であり、消費者が協議に関与できず、ま
たは抜本的な修正について交渉することができないものをいう」と規定されて
いる。また、ブラジル民法典第 423 条[22] および 424 条[23] にも「相手方書式に
よる契約」に関する規定がみられる[24]。なお、上述の通り仲裁法 4 条 2 項に

---

18)　仲裁法第 3 条。

19)　仲裁法第 4 条 I 項。

20)　当該条項の原案では、「相手方書式による契約に規定された仲裁条項は、その受容者
　　が仲裁を提起した場合、もしくは当該受容者が仲裁条項を明示的に合意した場合にのみ
　　有効である」とされていたが、附合契約の作成者による濫用を防ぐためにさらに検討が
　　加えられ、最終的に消費者保護法（lei 8.078/90）の第 51 条 VII 項を参考に現在の条文
　　になった（Carmona, *supra* note 1, at 106-108）。

21)　Carmona, *supra* note 1, at 106.

22)　民法第 423 条は、約款において不明瞭な条項または矛盾する条項は、約款受容者に
　　とって有利に解釈されなければならないと規定する。

23)　民法第 424 条は、約款受容者があらかじめ契約に基づく権利を放棄する条項は無効
　　であると規定している。

24)　ブラジル民法典における当該条項も 1990 年の消費者保護法の規定を参照して規定さ
　　れた経緯があり、約款法理の導入に慎重であった同国契約法に革新がもたらされたと評
　　価される（Sílvio de Salvo Venosa, *Código Civil Interpretado*（São Paulo, 2010）at 432
　　-433）。

ついて判例はブラジルにおける公序を定めたものと判断している[25]。

なお、2015 年民事訴訟法の第 3 条 1 項は、仲裁管轄（jurisdição）について規定を新設している。同法第 42 条は、「民事事件について裁判所は法令で認められた範囲の管轄を有するが、当事者は、法律に従い、仲裁によって紛争を解決する権利を有する」旨を規定した。また、ブラジル国内で下された仲裁判断は、それ自体が執行名義となり[26]、裁判所による承認手続きを必要としない[27]。

Ⅲ. 仲裁合意の存否の認定について

仲裁法が制定された 1996 年以降、多くの外国仲裁判断の執行を求める訴訟が提起されているが、以下では最近の代表的な事例を基礎に仲裁合意の存否についてのブラジルにおける判例の動向について検討する。

1. L'Aiglon S/A v. Têxtil União S/A 事件 [28]

L'Aiglon（スイス法人）と Têxtil（ブラジル法人）間の商品取引について仲裁機関（Liverpool Cotton Association:"LCA"）が下した仲裁判断を L'Aiglon がブラジルで執行を求めた事件であるが、Têxtil は当事者間において書簡の交換がなされたにすぎず、明確で疑いようのない仲裁合意が存在するとは認められないと反論した。裁判所は、必ずしも明確な仲裁合意が存在するとは認定できず、この点からは LCA の下した仲裁判断の執行を拒絶する余地は残るが、Têxtil は LCA による仲裁手続に参加したばかりか、仲裁手続において仲裁合意の不存在を仲裁廷に主張していないことから、同社の主張は認めら

---

25)　SEC 6753/UK（13/06/2002,STF）; SEC 978（17/12/2008, STJ）など。

26)　2015 年民事訴訟法第 515 条第Ⅶ号。

27)　仲裁法第 18 条および第 31 条。

28)　SEC 856（05/18/2005, STJ）

れず、したがって LCA が下した仲裁判断の執行は認められると判断した。本
判決はブラジル国内では国際的な仲裁法の潮流に適合した判決であり STJ の
リベラルな傾向を示す判決[29]と評価されている。他方で、当事者間の仲裁合
意の有効性について、仲裁法第 38 条 II 号は当事者が合意した準拠法または仲
裁地の法律で判断すべきと規定しているにもかかわらず、裁判所は国内法であ
る仲裁法の下で判断していると考察される点については疑問が残る。

2. Moreno Hermanos Sociedad Anónima Comercial Industrial Financeira Imoboliaria y Agropecuaria v. Moinho Paulista Ltda 事件[30]

Moreno（アルゼンチン法人）と Moinho（ブラジル法人）はある商品取
引について口頭で合意したが、その後 Moreno は当事者間の紛争は仲裁機関
（Grain and Feed Trade Association: "GAFTA"）による仲裁で解決する旨
の規定が含まれたテレックスを確認のため Moinho に送信した。その後、紛争
が生じ Moreno は GAFTA に仲裁を付託。GAFTA は Moinho に賠償を命じ
る仲裁判断を下したため Moreno がブラジルにおける当該仲裁判断の執行を
STJ に求めた。裁判所は、NY 条約に基づき、書簡またはファックスの交換に
より仲裁合意が成立する可能性を認めながらも、本事案については Moinho に
よる明確な仲裁合意の意思が確認できないため、当事者間に有効な仲裁合意が
存在したとは認められないとして Moreno の主張を退けた。同判決はその後
の STJ 判決[31]でも承認されている。しかし、本件についても仲裁合意の有効
性について、当事者が合意した準拠法またはそれが存在しない場合は仲裁地の
法律に基づき判断すべきとする仲裁法第 38 条 II 号に照らして疑問が残る。

---

29) Barral & Machado, *supra* note 6, at 202.

30) SEC 866（17/05/2006, STJ）

31) Indutech SpA v. Algocentro Armazens Gerais Ltda. / SEC 978 （17 December 2008, STJ）. 同事件において STJ は仲裁法第 4 条 II 項（相手方書式契約に含まれる仲裁条項に関する合意の特別要件）に準拠して当事者間に仲裁合意は存在しないと認定した。

3. Louis Dreyfus Commodities Brasil S/A v. Leandro Volter Laurindo de Castilhos 事件 [32]

　本事件は、商品先物取引契約に関する紛争であるが、Dreyfus（ブラジル法人）は国際仲裁機関（International Cotton Association: "LCA"）に契約代金の支払いを求め仲裁を提起し、LCA は De Castilhos に賠償を命じたため、その承認を STJ に求めた。De Castilhos は、仲裁法が相手方書式による契約に定められた仲裁条項については特別な要式（書面による仲裁合意の明示と当事者による署名）を求めていることから、当事者間に有効な仲裁合意は存在しないと主張したが、裁判所は仲裁法第 38 条Ⅱ号に基づき、仲裁合意の有効性は当事者が選択した準拠法の下で判断される（当該合意がない場合は仲裁地の法律に準拠する）として、本条から導かれる法律を根拠に仲裁合意の存在を認めた上で、この外国仲裁判断の執行を認めた。この判決は、NY 条約に準拠した仲裁法第 38 条Ⅱ号を正確に適用した判決であると評価される。

4. 判例の動向と承認に要する期間

　ブラジルの裁判所は、仲裁合意の形式的側面を重視し、仲裁合意条項が記載された一つの書面にブラジル側当事者が署名していない点を重視して、そこに欠陥が認められた場合は、仲裁合意の不存在を認定している。（上記判例 1 および 2）。他方で上記判例 3 は、仲裁法および NY 条約に準拠して妥当な判断が導き出されているが、このような判断が一貫して期待されるかどうか現状では明らかではなく、今後の判例において明確な基準が確立されることが期待される。

　また、外国仲裁判断の承認に要する期間について、2005 年度中に STJ に外国仲裁判断の承認・執行を求めて提訴された 19 件の訴訟に関する研究によると、その内 2 件は 6 か月以内に、9 件については 12 〜 22 か月以内に、そして残り 8 件については 23 〜 81 か月で判断が下されている [33]。

---

32)　SEC 6.336（03/21/2012, STJ）

33)　Leonardo de Campos Melo, "Recognition of Arbitral Award in Brazil", *24 Am.*

Ⅳ. 根拠を付さない外国仲裁判断の執行可能性について

　外国仲裁判断に理由が付されていない場合に、当該判断のブラジルにおける執行は認められるか検討する。まず仲裁法第 26 条Ⅱ号は、モデル仲裁法に準拠してブラジル国内の仲裁判断の必要的記載事項として「仲裁判断の根拠」をあげていることから、ブラジル国内の仲裁判断には理由が付されなければならないことは明白である。仲裁判断に根拠・理由を要求する理由は、仲裁判断の正当性を担保し、それによって仲裁当事者の理解を得るためであり、同時に仲裁人の職業的能力を判断するためでもある[34]。

　しかし、国際商事仲裁機関が定める仲裁規則においては、特に当事者が理由を付すことを求めない場合には、理由を付けなくてもよいとする例もある。後述（Ⅴ）の事例において外国仲裁手続における被申立人の Y（ブラジル企業）は、アメリカ商事仲裁協会（以下「AAA」という）による仲裁判断に理由が付されていないことを、当該仲裁判断の執行を妨げる要因として主張した[35]が、AAA の商事仲裁規則 R-42（b）[36]によれば、当事者が特段の要請をしない限り仲裁判断に理由が付さないことが認められる[37]。

　ブラジルの裁判所は、理由を付さない外国仲裁判断は同国の公序に反することから、国内において執行が認められないとする判例[38]もある一方で、裁判所は仲裁判断を下した国の法律に準拠して理由を付さない仲裁判断の有効性を判断すべきであり、それをブラジル法の下で判断すべきではないとする近時の

Rev. Int'l Arb. 113（2013）, at 120.

34) Carmona, *supra* note 1, at 370.

35) 仲裁法第 26 条本文Ⅱ号。

36) 当該条項によれば、当事者が仲裁人を指名する時点で書面によって理由を付した仲裁判断を求めない限り仲裁人は理由を付した判断を下す必要はないと規定している。ただし、仲裁人が理由を付すことが適切であると判断した場合はこの限りではない。

37) 当事者が AAA の国際商事仲裁規則を選択した場合は、仲裁判断に理由が付されなければならない。

38) SE No. 3,976/FR（14/06/1989, STF）; SE No. 3,977/FR（01/07/1988, STF）

判例³⁹⁾ もある。また、STJ も理由が示されない外国仲裁判断はブラジルの公序に反するので執行が認められない可能性を示唆している⁴⁰⁾。なお、ブラジルの有力な学説は、裁判所の判決と仲裁を区別して考えて、外国仲裁判断については判断国の法律のもとで有効な限り、ブラジル法の下で理由の不存在を根拠に外国仲裁判断の執行を拒否すべきでないとの見解を示している⁴¹⁾。

Ⅴ. 日本企業による外国仲裁判断の承認・執行の申立が拒絶された事例（ブラジル連邦高等裁判所 2012 年 4 月 18 日付判決⁴²⁾）

　ブラジル仲裁法は、仲裁合意について、当事者間の明確な意思が書面で確認されることがその有効性の条件であると規定している。本件において当事者間で商品売買の合意はなされたものの、当事者の一方であるブラジル法人は仲裁条項が含まれた関連書面には署名しなかった。他の当事者がブラジル国外で申し立てた仲裁手続きは開始され、仲裁廷は当該ブラジル法人に代金の支払いを命じる判断を下したが、当該仲裁判断についてブラジルにおける執行は認められるか、また当該仲裁判断にその判断の根拠となる理由が付されていない場合はどうかについて争われた事案である。

1. 事実の概要

　日系企業（ただし米国法人）の X とブラジル法人の Y は、X が取り扱う電子通信設備（以下「本商品」という）を Y が購入する旨の合意し、実際に売買取引を行ったが、X が作成した売買契約ドラフト（"minuta de contrato"：以

---

39)　SEC No. 5.661/UK（19/05/1999, STF）; SEC No. 5.720/AU（22/10/1988, STF）

40)　Alloys and Metals Corp v. Metaltubos Indústria e Cómercio de Metais Ltda. SEC 760（19/06/2006, STJ）

41)　Carmona, *supra* note 1, at 476-479.

42)　Kanematsu USA Inc. v. ATS-Advanced Telecommunications System do Brasil Ltda. / SEC 885（18/04/2012, STJ）

下「本書面」という）にYは署名しなかった。その後、Yが本商品代金を支払わなかったため、Xは本書面に規定された仲裁条項に基づき、アメリカ仲裁協会（American Arbitration Association：以下 "AAA" という）に仲裁を申し立てた。Yは、Xとの間に仲裁合意が存在しないことなどを主張したが仲裁廷はYの主張を退け仲裁手続きが進められた。その結果、仲裁廷はXの請求を認め、Yに対してXに約150万ドルを支払えとの判断（以下「本仲裁判断」という）を下したため、Xは本仲裁判断のブラジルにおける承認（homologação）をブラジル連邦高等裁判所（Superior Tribunal de Justiça）に求めた。本件においては、特に当事者間の有効な仲裁合意の存否が争点となったが、Xは本書面がその証であると主張したのに対し、Yは仲裁には合意していないと反論した。さらに、Yは本書面にYが署名していないことから有効な仲裁合意は存在しないと主張した。またYは、本仲裁判断には理由が付されていないことから仲裁判断としての要件を欠いており、本仲裁判断の執行を認めることはブラジルの公序に反する等と主張した。

2. 判決要旨

STJはXの請求を退け、本仲裁判断の執行を拒絶した。その理由としてSTJは第一に、1996年ブラジル仲裁法[43]第38条は外国仲裁判断の承認および執行に関する拒絶理由を列挙しているところ、同条Ⅳ号は当事者間に有効な仲裁合意が存在しないことを拒絶事由として規定している点を指摘する。次に、同第37条に基づき、外国仲裁判断の承認・執行を求める当事者は、外国仲裁判断の原文または証明付き写し（同条Ⅰ号）および仲裁合意の原文または証明付き写し（同条Ⅱ号）を提出しなければならないと規定しているところ、Xは後者を提出していない[44]ことから、本件について当事者間で明白な仲裁合意が存在した事実が確認できないとしている。したがって、STJは本件に

---

43)　Lei nº 9.307, de 23 de Setembro de 1996.
44)　Xは本書面を裁判所に提出したが、それにYの署名はなかった。

おいて当事者間に有効な仲裁合意が存在したことが確認できない以上、本仲裁判断の国内における執行は認められないと判断した。STJ は、本判決において 2002 年 6 月 13 日のブラジル連邦最高裁判所（Supremo Tribunal Federal）判決 [45] に準拠すると述べているが、同判決は、仲裁法の下で当事者間の仲裁合意は当事者の明確な意図が書面で確認される必要があり、特に相手方書式による契約（contrato de adesão[46]）に規定された仲裁条項について仲裁法第 4 条 2 項が、「当該書式を受け容れる当事者が仲裁を申し立てた場合、または別の書面で仲裁に合意する旨が記載されている場合もしくは仲裁条項が太字で記載され当事者がそれに署名ないし特別にイニシャルを記した場合に限り有効である」と規定している点を重視する。また、同判決は、同規定はブラジルの公序に関する規定であり、これと異なる様式による仲裁合意は認められないと述べている。

3.　解　　説

　本判決において STJ は、仲裁法第 37 条Ⅱ号に規定する仲裁合意の証が、同第 4 条に規定する仲裁合意の要件を充足する形式で存在することの証を裁判所に提出できなかった事実に着目し、同第 38 条Ⅳ号に規定する外国判断の承認・執行の拒絶理由に該当するとの結論に至った。しかし仲裁法第 38 条Ⅱ号 [47] は、仲裁合意の有効性の判断にかかる準拠法として、「両当事者がそれに準拠することとした法律、またはその指定がなかったときは、仲裁判断がなされた国の法律」を準拠法とする旨を規定している。また、同項は上記の準拠法の下で仲裁合意が有効でないことを、仲裁判断の執行を求められる当事者が証明した場合に、当該仲裁判断の承認・執行は拒絶されると規定している。本判

---

45)　SEC 6753/UK（13/06/2002, STF）

46)　"contrato de adeção" とは本来、附合契約または約款を示す用語であるが、ブラジル法の下では、契約当事者の一方が定型的な契約を作成して、その相手方がこれを受け入れる場合にも使用されることから本書では相手方書式による契約と訳した。

47)　本号はモデル仲裁法と同様の規定である。

決に関しては、XY 間の仲裁合意の有効性について、仲裁判断が下された地で
ある米国の法に準拠せず、ブラジルの仲裁法の下で判断している点、および外
国仲裁判断の拒絶理由が存在することの証明を X に求めている点に疑問が残
る[48]。また仲裁法4条2項が定める相手方書式による契約に規定された仲裁
条項にかかる有効性の要件は、ブラジル国内の仲裁に関するものであるが、こ
れがブラジルの公序に関する規定であり、これに反する合意は認めないと裁判
所が判断しているとすると、同第38条IV 号が「両当事者がそれに準拠する
こととした法律、またはその指定がなかったときは、判断がなされた国の法律」
に準拠して判断すべき旨を規定した意味が失われてしまう懸念がある。

VI. ま　と　め

　メキシコおよびラテンアメリカ諸国の仲裁法制は、Calvo Doctrine[49] の影
響を受け、伝統的に商事紛争解決手段としての仲裁に否定的な傾向が見られ
た[50]。しかし、1990 年代以降、メキシコ（1993 年）[51]、ボリビア、グアテマ
ラ、パラグアイ、ペルー（1996 年）[52]、ベネズエラ（1998 年）[53]、そしてチリ

---

48)　本件において STJ が本書面について Y の署名がないことを仲裁合意の要件の瑕疵と
　　して判断した理由は、当事者間の合意が仲裁法第4条2項に規定する「相手方書式によ
　　る契約に含まれた仲裁条項」に該当すると認定したことによると思われるが、この点判
　　決においては必ずしも明確ではない。

49)　アルゼンチンの国際法学者 Calvo は、外国人や外国企業が自国民より有利な特権的
　　地位にたつことは認められないと考えた。19 世紀から 20 世紀の初めにかけて、欧米列
　　強は、アテンアメリカ諸国と取引する欧米企業が、その相手方の契約不履行を理由に、
　　しばしばラテンアメリカ諸国に干渉していた。これに対抗するため、契約紛争はもっぱ
　　ら当該国家の国内的救済手続によって解決するものであり、外国企業等はその本国政府
　　の外交的保護を求めることができないとする条項が Calvo 条項である。

50)　Carmona, *supra* note 1, at 2.

51)　メキシコは 1971 年に NY 条約を批准し、1993 年にモデル法に準拠した仲裁法を制
　　定した。

52)　ペルーでは Ley General de Arbitraje de 1996（Ley Nº 26572）に代わり新仲裁法
　　Ley de Arbitraje（Decreto Legislativo Nº 1071）が 2008 年に制定・施行された。

53)　1988 年4月に制定・実施された Ley de Arbitraje Comercial。

(2004 年)[54] の仲裁法など、モデル法に準拠した仲裁法が制定されていった。そうした状況の下で 1996 年に制定されたブラジル仲裁法は、モデル法に準拠しており、その意味で近代化が図られたことは事実であるが、外国仲裁判断の承認手続きについては、ラテンアメリカ法固有の形式主義的伝統の影響の下でその承認について制約的な傾向が認められ、ブラジル裁判所は外国仲裁判断の承認・執行に慎重な傾向を示している[55]。

　また、ブラジル仲裁委員会（Comitê Brasileiro de Arbitragem）が 2012 年に約 160 人の法曹資格者を対象に行った調査において、仲裁の経験が 10 年未満の者が 67％、10 年以上が 33％であり、また 64％の裁判官が、仲裁についてあまり知らない（34％）または多少知っている（30％）と回答し、十分な知識を有していると回答した裁判官は 35％であった。弁護士については、十分な知識を有していると回答したのは 13％のみで、86％の弁護士がほとんど知らない、または多少は知っていると回答している。これらの数字は 2012 年時点におけるブラジルにおいての仲裁の活用状況を物語っている。一方で 2015 年改正法によって仲裁の活用分野が拡大され、1996 年仲裁法の下で残されていた法的論点が明確に解決されつつあることから、ブラジルにおける商事仲裁制度は一層活用が図られていくと期待される。

　本章においてはブラジルにおける仲裁法の発展に焦点をあてて論じたが、同国では仲裁からさらに踏み込んで、紛争当事者間の調停（mediação）を振興し、判決の文化を和解の文化に転換する努力が継続されている[56]。わが国における示談の伝統が、ブラジルにおける少額訴訟制度（法律第 7244 号 /84 年）や民事・刑事特別裁判所法（法律第 9099 号 /95 年）の契機となったとする指

---

54)　Ley no. 19.971/2004. Ley de Arbitraje Comercial Internacional.

55)　Sebastian Perry, "Is Brazil a safe haven for awards?", *Glob. Arb. Rev.*（April. 19, 2013）も同趣旨。

56)　カズオ・ワタナベ（拙訳）「司法へのアクセスおよび利害対立の合意による解決」（柏木昇・池田真朗・北村一郎・道垣内正人・阿部博友・大巖達哉編著『日本とブラジルからみた比較法』（信山社、2019）参照。

摘 [57] は両国間の法律文化の交流の証左として興味深い。

【第Ⅱ編第4章の参考文献】

柏木昇・池田真朗・北村一郎・道垣内正人・阿部博友・大巌達哉編著『日本とブラジルからみた比較法』（信山社、2019）

Chittharanjan F. **Amerasinghe**, *Diplomatic Protection*（Oxford Scholarship Online: January 2009）

Welber **Barral** & Rafael Bicco Machado, 'Civil Procedure and Arbitration', in Fabiano Deffenti & Welber Barral（Editors）, *Introduction to Brazilian Law*（The Netherlands: Wolters Kluwer, 2011）

Manuel Pereira **Barrocas**, *Lei De Arbitragem Comentada*（ALMEDINA, 2018）

Carlos Alberto **Carmona**, *Arbitragem e Processo: Um Comentário à Lei No. 9.307/96*〔3a Edição〕（São Paulo: Editora Atlas SA, 2009）

José Carlos de **Magalhães** e Luiz Olavo Baptista, *Arbitragem commercial*（Livraria Freitas Bastos, 1986）

Leonardo de Campos **Melo**, "Recognition of Arbitral Award in Brazil", *24 Am. Rev. Int' l Arb. 113*（2013）, at 120.

Sílvio de Salvo **Venosa**, *Código Civil Interpretado*（São Paulo, 2010）

---

57)　マサミ・ウエダ（拙訳）「日本の司法制度の比較法学の視点からの考察」（柏木他 前掲注 56 110-112 頁）。

あ と が き

　ここでは本書全体を通しての筆者の所感を付すことによって総括としたい。

　ブラジルの発見とされるペドロ・アルヴァレス・カブラルのブラジル到着から 300 年余りの植民地時代を通じて、旧宗主国ポルトガルは、ブラジルを経済的収奪の対象とみなすのみで、植民地における文化・芸術の発展、教育や福祉の施策にはまったく関心をもたなかった（金七紀男『ブラジル史』136 頁）。この間は、アフォンソ法典、マノエル法典、フィリッペ法典などが適用されていた。しかし、ブラジルは独立後はやくも 1827 年にオリンダとサンパウロに法律学校を開設し、「秩序と進歩」を基本理念とする実証主義を信奉する指導者達によって、ブラジル法学の基礎が築かれると共に、「ブラジル法」の編纂が開始されたことは既に述べた通りである（第Ⅱ編序論参照）。ブラジルの各種法典の完成度は高く評価に値する。これは、伝統的な法実証主義に則り、厳密な論理的分析に基づく法学が今日まで連綿と展開されてきた成果である。

　ブラジルにおいて経済法が新たな学問の領域として誕生するのは、1960 年代の軍事政権の下での親米・外資導入推進政策の下においてであった。経済力濫用禁止法（1962 年）、利潤送金規制法（1961 年）、外国銀行法（1964 年）、資本市場法（1965 年）、工業所有権法（1971 年）そして株式会社法（1976 年）など一連の経済法が成立した時期とほぼ一致する。

　上記の外資導入政策の下で、多国籍企業は、工場を輸出し、既存の工場を追いやってブラジルの工業化の過程をわが物としていった（E. ガレアーノ（大久保光夫訳）『収奪された大地』（藤原書店、2013 年）参照）。そのような状況の下で、1976 年に制定された株式会社法は、「株主は会社の利益において議決権を行使しなければならない」（株式会社法第 115 条）と規定し、支配株主の議決権の濫用を禁止した（株式会社法第 116 条および第 117 条）。これは、経済的に欧米資本に従属しつつあったブラジルの資本市場において、ドイツ会社法理論に立脚した会社法秩序の形成を通じて、国内経済秩序の修復を図る立法

例として注目に値する（本書第Ⅱ編第1章参照）。

　ブラジルの商法学者である Luís Rodolfo Cruz e Creuz は 1990 年代後半以降の経済法の新たな発展に注目し、市場開放政策や民営化を通じて経済法に強い関心が高まったと指摘する（*Commercial and Economic Law in Brazil*（Wolters Kluwer, 2012）at 187）。ブラジル 1988 年憲法の下で、1990 年経済秩序維持法、1991 年競争法、そして 2011 年の新競争法によってブラジルの競争法秩序が確立された。2011 年競争法第1条は、もはや経済の秩序（ordem）に止まらず、体制（sistema）という用語を使用し、同法がブラジル競争保護体制を構築する法令であることを規定している。同法によって体制として確立された競争秩序は、その執行機関である経済防衛審議会（CADE）の活躍と相俟って世界的にも高い評価を受けている。

　経済は秩序を必要とし、経済法は発展するブラジル経済に秩序を与えてきた。経済法はCADEや証券取引委員会の活動に支えられて、その執行力も向上している。これらはブラジル経済法の成果とも言える側面であるが、他方でブラジル法は 21 世紀以降、腐敗を防止し経済格差に基づく貧困を撲滅しなければならないという大きな現実的課題に直面している（Celso Campilongo, History and Sources of Brazilian Law, in Fabiano Deffenti and Welber Barral（Eds.）, *Introduction to Brazilian Law*（Wolter Kluwer, 2011）at 14）。そこでブラジルは 2013 年に腐敗防止のための法人処罰法を制定し、企業の役職員が国内または外国の公務員に贈賄するなどの公正な行政を侵害した場合の法人についての民事および行政上の無過失責任（a responsabilização objetiva）原則を確立した。第Ⅱ編第3章においてチリおよびコロンビアにおける法人処罰法と比較しつつ検討を行った。ブラジルにおいてはチリとは対照的に刑法上の処罰対象を自然人に限定するという大陸法的刑法の原則を修正することなく、特別法の下で行政制裁を科す理論的アプローチがとられている。ブラジルの歴史や国情を考えた場合、これらの法律をもってしても腐敗の根絶にはほど遠い現実ではあるが、法制面で腐敗を撲滅し貧困の解消に向けての法秩序を構築する努力は評価されるべきであろう。

　最後に本書第Ⅱ編第4章で国際商事仲裁に関する変革について検討した。ブ

ラジルとの商取引実務において、従来の“compromisso”の理論は、当事者間の紛争解決手段にかかる大きな制約と感じられた。ラテンアメリカ諸国の中で国際商事仲裁を受けいれない最後の大国と捉えられていたブラジルが、1996年に仲裁法を制定し、2002年には外国仲裁判断の承認と執行に関するニューヨーク条約に加盟し、そして2015年には96年仲裁法を大幅に改正することで、仲裁の活用範囲を拡大したことは、ブラジルが商事紛争解決手段の領域において国際的な法秩序に適合した事実を示すものである。

　以上の通り、第Ⅰ編ではブラジルの法制度を概観し、第Ⅱ部においては主として経済法の分野からブラジル法の発展を検討した。1990年以降は、ブラジルはInternational Competition NetworkやOECD等の国際機関と連携しつつ、調和的な法秩序の形成に尽力している。それは、かつて批評されてきたような欧米諸国の法制の模倣ではなく、諸外国の叡智の慧を参照しながらも、世界の法秩序と調和的に進化してきたブラジル固有の法体制の形成過程と捉えるべきである。今後は、そうした固有の法理論がブラジルおよび他のラテンアメリカ諸国の社会・経済にどのような影響を与えているのか、さらに踏み込んだ研究が求められる。

索　引

■著　者

阿部　博友　（あべ　ひろとも）

　筑波大学大学院ビジネス科学研究科博士課程修了。筑波大学
博士（法学）。現在、一橋大学大学院法学研究科教授。

【主要著作】
「ブラジル株式会社法における支配株主の法的責任 一多国籍企
　業の事業運営に関する株主としての責任一」（筑波大学博士学
　位論文、2004）
『国際売買契約』（共著）（レクシスネクシス・ジャパン、2010）
『判例ウィーン売買条約』（共著）（東信堂、2010）
『現代企業法務Ⅰ』（共著）（大学教育出版、2014）
『現代ブラジル事典』（共著）（新評論、2016）
『国際ビジネス法』（共著）（レクシスネクシス・ジャパン、2016）
　など。

ブラジル法概論
Introdução ao Direito do Brasil

2020 年 3 月 31 日　初　版第 1 刷発行

■著　　　者────阿部博友
■発 行 者────佐藤　守
■発 行 所────株式会社 大学教育出版
　　　　　　　　　〒 700-0953　岡山市南区西市 855-4
　　　　　　　　　電話（086）244-1268　FAX（086）246-0294
■印刷製本────モリモト印刷 ㈱

ISBN978－4－86692－069－6